하나님이 기뻐하시는 교회

진리를 알지니
진리가 너희를
자유롭게 하리라!

한국기독교 개혁선교회

Korean Christian Reformation Mission
ⓒ2024 하나님이 기뻐하시는 교회
교육 및 교재 구입 문의: (02)516-1225

한국기독교개혁선교회
서울특별시 강남구 학동로 106번지(논현동)
전자메일: kcrm@hanmail.net
인터넷: kcrm.net

다시 성령으로!

"기록된 바 하나님이 자기를 사랑하는 자들을 위하여 예비하신
모든 것은 눈으로 보지 못하고 귀로 듣지 못하고
사람의 마음으로 생각하지도 못하였다 함과 같으니라
오직 하나님이 성령으로 이것을 우리에게 보이셨으니 성령은 모든 것
곧 하나님의 깊은 것까지도 통달하시느니라
사람의 일을 사람의 속에 있는 영 외에 누가 알리요
이와 같이 하나님의 일도 하나님의 영 외에는
아무도 알지 못하느니라
우리가 세상의 영을 받지 아니하고 오직 하나님으로부터
온 영을 받았으니 이는 우리로 하여금 하나님께서
우리에게 은혜로 주신 것들을 알게 하려 하심이라
우리가 이것을 말하거니와 사람의 지혜가 가르친 말로
아니하고 오직 성령께서 가르치신 것으로 하니
영적인 일은 영적인 것으로 분별하느니라"

(고전2:9-13)

시작글

하나님의 영광을 위하여

어둠과 죄악의 길에서 방황하던 자에게 빛이 임하였습니다.
성령님이 임하시는 순간 하나님과 세상이 보여졌습니다.
그때 하나님이 들려주시는 음성이 있었습니다.
영혼을 적시는 감사의 눈물과 기쁨은 축복이었습니다.
이 모든 것이 하나님의 은혜입니다.

하나님이 기뻐하시는 교회!

이것은 하나님의 명령이었습니다.
성령님이 주신 깨달음 가운데 달려온 어언 40년은
하나님이 광야 40년 길을 걷게 하신 믿음의 여정이었습니다.
하나님은 고난을 통해 훈련을 시키셨습니다.
그리고 참회와 기도의 시간이었습니다.

"너를 낮추고 순종하라!"

광야의 고난은 묵은 죄를 씻겨내는 작은 자의 순종이었습니다.
내 것은 없으며 있으면 안 되며 있을 수도 없었습니다.
되돌아 보면 하나님의 일은 영의 일이었습니다.
하나님의 때에 순종하는 자를 쓰십니다.
순종하며 하나님의 명령을 따랐습니다.
이제 때에 이르러 마지막 글을 마쳤습니다.

이 책을 하나님께 바칩니다.

2024년 3월
심부름꾼 이경희
믿음의 동력자 여문환

본 교재의 특징

1. 본 교재는 참석자 중 인도자를 선정합니다.

2. 규정된 답을 유도하지 않습니다. 답은 각 참여자의 고백입니다.

3. 성경 지식을 전달하거나 요구하지 않습니다.

4. 각 개인이 말씀의 은혜와 체험을 토론합니다.

5. 가능한 진행 시간을 1시간 내외로 합니다.

6. 그룹의 인원은 3명부터 7명 이하로 구성합니다.

7. 7명이 넘을 경우 1명이 분반하여 1조를 다시 구성합니다.

목 차

제1장 어디서 와서
- 성부의 하나님 -

창 조 말씀 / 16
천지 / 20
사람 / 24

생 명 생명나무 / 28
하나님의 명령 / 32
네가 어디 있느냐 / 36

죄 악 불순종 / 40
죄가 들어옴 / 44
아담의 형상 / 48

진 리 하나님의 은혜 / 52
말씀에 순종 / 56
자유 / 60

제2장 어떻게 살다가
- 성자의 하나님 -

메시아 구원자로 오신 예수님 / 70
십자가에 못 박히신 예수님 / 74
부활하신 예수 그리스도 / 78

복 음 은혜의 복음 / 82
구원의 복음 / 86
천국의 복음 / 90

믿 음 은혜와 선물 / 94
약속 / 98
증거 / 102

구 원 죄 / 106
생명 / 110
영혼 / 114

영 생 영생의 길 / 118
성령으로부터 / 122
성령의 고난을 받으라 / 126

제3장 어디로 가는가
- 성령의 하나님 -

성 령   약속 / 136
            거룩 / 140
            하나님 나라 / 144

생 명   능력 / 148
            영원함 / 152
            새 하늘 / 156

교 회   처음 사랑 / 160
            책망 / 164
            시험 / 168
            면류관 / 172

에필로그   한국 교회에 고함 / 176

제 1 장

어디서 와서

- 성부의 하나님 -

비밀 이 세상에는 창조와 존재의 비밀이 있습니다. 홀연히 나타난 우리는 보이지 않는 존재를 따라 이 세상에 있습니다. 알 수 없는 나의 주인을 찾아 기도합니다. 찾는 자에게 나타나시는 하나님은 우리의 존재이십니다. 이제부터 우리를 이 땅에 보내신 하나님의 비밀을 찾아 믿음의 여정을 시작합니다.

인생은 알 수 없는 안개와 같습니다. 때로 우리는 인생의 어둡고 깊은 동굴을 더듬거리며 걷고 있습니다. 아무래도 우리는 길을 찾을 수 없습니다. 기쁨은 깜박거리는 반딧불이었습니다. 고난과 고통에서 벗어나기 위해 살아가는지도 모릅니다. 그러나 빛이 있어야 길을 찾을 수 있습니다. 안타깝게도 우리는 빛 없는 길을 방황하고 있습니다.

인간은 홀연히 나타난 존재가 아닙니다. 인간으로 존재하게 한 힘이 있습니다. 존재자 뒤에는 반드시 그러한 모습으로 있게 하는 존재가 있습니다. 인생이란 그 존재를 만나기 위한 여정입니다. 그렇지만 왜 우리가 길 없는 길을 가고 있는지 그리고 삶의 도상에서 우리가 원치 않는 고난을 겪는지를 알지 못합니다. 삶의 답을 찾기 위해서 반드시 생명의 근원인 하나님을 찾아야 합니다.

인생의 여정에서 하나님을 찾는 지혜로운 자는 없습니다. 인생의 도상에서 삶을 밝히는 빛을 따르는 자는 없습니다. 우리는 어둠 속에서 길을 잃었습니다. 무엇이 빛인지를 모르는 것이 인간의 삶입니다. 선을 따르는 자는 빛을 찾습니다.

"여호와께서 하늘에서 인생을 굽어 살피사 지각이 있어 하나님을 찾는 자가 있는가 보려 하신즉 다 치우쳐 함께 더러운 자가 되고 선을 행하는 자가 없으니 하나도 없도다"(시 14:2-3)

어디서 왔는가? 출생의 근원을 알지 못한 채 인생을 살아갈 수는 없습니다. 생명의 근원은 존재의 본질에 관한 물음이기 때문입니다. 우리가 어디서 왔으며 우리의 삶의 주체자가 누구인지를 찾아야 합니다. 여기에 하나님을 찾는 순례자의 기도 독백이 있습니다.

"하늘에서 들려오는 세밀한 음성!
어둠 가운데 있던 나에게 빛이 임하니!"

제1장 어디서 와서 -성부의 하나님-

단원과정

제1장의 주제는 성부의 하나님입니다. 각 단원에서는 "창조", "생명", "죄악", "진리"를 다룹니다. 하나님이 어떻게 이 세상을 시작하셨고 인간 그리고 선과 악에 관한 본질적인 문제를 다룸으로써 인간 존재와 본질에 관한 성서적 관한 이해를 도와줍니다. 인간이 어디서 왔는지에 관한 물음은 개인의 믿음 생활에서 어떻게 영적인 삶을 살아야 하는지에 대한 방향을 제시할 것입니다.

-기억하라-
"시편23편1-6"

태초에 말씀이 계셨습니다.
세상은 하나님의 말씀으로 창조되었고
인간은 말씀 안에서 온전한 존재가 될 수 있습니다.
말씀은 생명이었습니다.
하나님은 빛으로 어둠의 장막을 걷어내고
인간을 이 세상에 등장시켰습니다.
말씀을 떠난 자는 곧 죽은 자입니다.
죄를 지은 우리는 세상에 숨었습니다.

"네가 어디 있느냐!"

이 물음에 우리는 응답할 수 있어야 합니다.
우리가 어디에 있든 항상 하나님을 의식해야 합니다.
죄는 피할 수 없습니다. 죄는 하나님과 인간과의 단절입니다.
어둠속에 숨었던 우리를 하나님은 우리를 부르고 계십니다.

"내가 여기 있나이다!"

이것은 우리의 진정한 믿음의 고백이 되어야 합니다.
"호흡이 있는 자마다 주 여호와를 기억할지어다!"
새벽의 눈물을 기억합니다.
이제는 믿음이 점차 흐려져 가고 분명하지 않습니다.
우여곡절 고단한 짐을 지고 살아왔던 삶이지만,
그러나 지금 여기 살아있다는 것은 기적입니다.
우리의 삶 속에 하나님이 다시 의식되어야 합니다.
우리를 부르는 하나님의 음성을 들어야 합니다.
새벽 종소리를 들어야 합니다.

제1장 어디서 와서 -성부의 하나님-

창 조

찬송가
시작: 79장

찬송가
마침: 478

1. 말 씀

창1:1-5 "빛이 있으라"

태초에 하나님이 천지를 창조하시니라 땅이 혼돈하고 공허하며 흑암이 깊음 위에 있고 하나님의 영은 수면위에 운행하시니라 하나님이 이르시되 빛이 있으라 하시니 빛이 있었고 빛이 하나님이 보시기에 좋았더라 하나님이 빛과 어둠을 나누사 하나님이 빛을 낮이라 부르시고 어둠을 밤이라 부르시니라 저녁이 되고 아침이 되니 이는 첫째 날이니라.

창2:1-3 "복되고 거룩하게"

천지와 만물이 다 이루어지니라 하나님이 그가 하시던 일을 일곱째 날에 마치시니 그가 하시던 모든 일을 그치고 일곱째 날에 안식하시니라 하나님이 그 일곱째 날을 복되게 하사 거룩하게 하셨으니 이는 하나님이 그 창조하시며 만드시던 모든 일을 마치시고 그 날에 안식하셨음이니라.

세상은 무엇으로 존재합니까?

태초에 말씀이 계셨습니다. 말씀은 곧 하나님입니다.

생각하고

깨달아 알고

새롭게 하심

돕는 말씀/ 사45:12, 요1:1-5, 요일1:1

제1장 어디서 와서 -성부의 하나님-

기 도

사45:12
내가 땅을 만들고 그 위에 사람을 창조하였으며 내가 내 손으로 하늘을 펴고 하늘의 모든 군대에게 명령하였노라.

요1:1-5
태초에 말씀이 계시니라 이 말씀이 하나님과 함께 계셨으니 이 말씀은 곧 하나님이시니라.

요일1:1
태초부터 있는 생명의 말씀에 관하여 우리가 들은 바요 눈으로 본 바요 주목하고 우리 손으로 만진 바라.

```
┌─────────────────────────────────────┐
│              창 조                   │
│                                     │
│   찬송가                 찬송가       │
│   시작:21장              마침:35장    │
└─────────────────────────────────────┘
```

2. 천 지

창1:7-8 "궁창을 만드사"
하나님이 궁창을 만드사 궁창 아래의 물과 궁창 위의 물로 나뉘게 하시니 그대로 되니라 하나님이 궁창을 하늘이라 부르시니라 저녁이 되고 아침이 되니 이는 둘째 날이니라.

창1:11-13 "하나님이 이르시되"
하나님이 이르시되 땅은 풀과 씨 맺는 채소와 각기 종류대로 씨 가진 열매 맺는 나무를 내라 하시니 그대로 되어 땅이 풀과 각기 종류대로 씨 맺는 채소와 각기 종류대로 씨 가진 열매 맺는 나무를 내니 하나님이 보시기에 좋았더라 저녁이 되고 아침이 되니 이는 셋째 날이니라.

생명 원천의 자궁은 무엇입니까?

"빛과 하늘" 그리고 "땅과 물"은 생명의 태동과 맺음의 근원이 됩니다.

생각하고

깨달아 알고

새롭게 하심

돕는 말씀/ 시115:15-18, 행17:24-27, 시121:1-2

제1장 어디서 와서 -성부의 하나님-

기 도

시115:15-18
15 너희는 천지를 지으신 여호와께 복을 받는 자로다.
16 하늘은 여호와의 하늘이라도 땅은 인생에게 주셨도다.
17 죽은 자가 여호와를 찬양하지 못하니 적막한 데로 내려가는 자들은 아무도 찬양하지 못하리로다.
18 우리는 이제부터 영원까지 여호와를 송축하리로다 할렐루야

행17:24-27
24 우주와 그 가운데 있는 만유를 지으신 신께서는 천지의 주재시니 손으로 지은 전에 계시지 아니하시고
25 또 무엇이 부족한 것처럼 사람의 손으로 섬김을 받으시는 것이 아니니 이는 만민에게 생명과 호흡과 만물을 친히 주시는 자이심이라.
26 인류의 모든 족속을 한 혈통으로 만드사 온 땅에 거하게 하시고 저희의 년대를 정하시며 거주의 경계를 한정하셨으니.
27 이는 사람으로 하나님을 혹 더듬어 찾아 발견케 하심이로되 그는 우리 각 사람에게서 멀리 떠나 계시지 아니하도다.

시121:1-2
1 내가 산을 향하여 눈을 들리라 나의 도움이 어디서 올꼬
2 나의 도움이 천지를 지으신 여호와에게서로다.

제1장 어디서 와서 -성부의 하나님-

창 조

찬송가
시작:21장

찬송가
마침:35장

3. 사 람

창1:27-28 "하나님의 형상대로"
하나님이 자기 형상 곧 하나님의 형상대로 사람을 창조하시되 남자와 여자를 창조하시고 하나님이 그들에게 복을 주시며 하나님이 그들에게 이르시되 생육하고 번성하여 땅에 충만하라, 땅을 정복하라, 바다의 물고기와 하늘의 새와 땅에 움직이는 모든 생물을 다스리라 하시니라.

창2:7-8 "사람이 생령이 되니라"
여호와 하나님이 땅의 흙으로 사람을 지으시고 생기를 그 코에 불어넣으시니 사람이 생령이 되니라 여호와 하나님이 동방의 에덴에 동산을 창설하시고 그 지으신 사람을 거기 두시니라.

우리는 어디서 왔습니까?

존재하는 모든 것은 근원이 있습니다.

생각하고

깨달아 알고

새롭게 하심

돕는 말씀/ 신4:29-35, 고전15:49

기 도

신4:29-35

29 그러나 네가 거기서 네 하나님 여호와를 구하게 되리니 만일 마음을 다하고 성품을 다하여 그를 구하면 만나리라.
30 이 모든 일이 네게 임하여 환난을 당하다가 끝날에 네가 네 하나님 여호와께로 돌아와서 그 말씀을 청종하리니
31 네 하나님 여호와는 자비하신 하나님이심이라 그가 너를 버리지 아니하시며 너를 멸하지 아니하시며 네 열조에게 맹세하신 언약을 잊지 아니하시리라.
32 네가 있기 전 하나님이 사람을 세상에 창조하신 날부터 지금까지 지나간 날을 상고하여 보라 하늘 이 끝에서 저 끝까지 이런 큰 일이 있었느냐 이런 일을 들은 적이 있었느냐.
33 어떤 국민이 불 가운데서 말씀하시는 하나님의 음성을 너처럼 듣고 생존하였었느냐.
34 어떤 신이 와서 시험과 이적과 기사와 전쟁과 강한 손과 편팔과 크게 두려운 일로 한 민족을 다른 민족에게서 인도하여 낸 일이 있느냐 이는 다 너희 하나님 여호와께서 애굽에서 너희를 위하여 너희의 목전에서 행하신 일이라.
35 이것을 네게 나타내심은 여호와는 하나님이시오 그 외에는 다른 신이 없음을 네게 알게 하려 하심이니라.

고전15:49
49 우리가 흙에 속한 자의 형상을 입은 것 같이 또한 하늘에 속한 자의 형상을 입으리라.

생 명

찬송가	찬송가
시작:95장	마침:380장

1. 생명나무

창2:9 "동상 가운데에는"
여호와 하나님이 그 땅에서 보기에 아름답고 먹기에 좋은 나무가 나게 하시니 동산 가운데에는 생명 나무와 선악을 알게 하는 나무도 있더라.

창2:15-17 "명하여 이르시되"
여호와 하나님이 그 사람을 이끌어 에덴 동산에 두어 그것을 경작하며 지키게 하시고 여호와 하나님이 그 사람에게 명하여 이르시되 동산 각종 나무의 열매는 네가 임의로 먹되 선악을 알게 하는 나무의 열매는 먹지 말라 네가 먹는 날에는 반드시 죽으리라 하시니라.

죄는 어떻게 시작되었습니까?

일상의 법을 어기는 것은 "사회죄"입니다. 영적인 죄는 하나님과 인간 간의 관계에서 시작합니다.

생각하고

깨달아 알고

새롭게 하심

돕는 말씀/ 요일1:1-5, 요일2:24-25

기 도

요일1:1-5

1 태초부터 있는 생명의 말씀에 관하여는 우리가 들은 바요 눈으로 본 바요 주목하고 우리 손으로 만진 바라
2 이 생명이 나타내신바 된지라 이 영원한 생명을 우리가 보았고 증거하여 너희에게 전하노니 이는 아버지와 함께 계시다가 우리에게 나타내신바 된 자니라
3 우리가 보고 들은 바를 너희에게 전함은 너희로 우리와 사귐이 있게 하려 함이니 우리의 사귐은 아버지와 그 아들 예수 그리스도와 함께 함이라
4 우리가 이것을 씀은 우리의 기쁨이 충만케 하려 함이로다
5 우리가 저에게서 듣고 너희에게 전하는 소식이 이것이니 곧 하나님은 빛이시라 그에게는 어둠이 조금도 없으시니라

요일2:24-25

24 너희는 처음부터 들은 것을 너희 안에 거하게 하라 처음부터 들은 것이 너희 안에 거하면 너희가 아들과 아버지의 안에 거하리라
25 그가 우리에게 약속하신 약속이 이것이니 곧 영원한 생명이니라

생 명

찬송가
시작:272장

찬송가
마침:273장

2. 하나님의 명령

창3:4-5 "뱀이 여자에게"
뱀이 여자에게 이르되 너희가 결코 죽지 아니하리라 너희가 그것을 막는 날에는 너희 눈이 밝아져 하나님과 같이 되어 선악을 알 줄 하나님이 아심이니라.

창3:10-11 "명한 열매를 먹었느냐"
이르되 내가 동산에서 하나님의 소리를 듣고 내가 벗었으므로 두려워하여 숨었나이다. 이르시되 누가 너의 벗었음을 네게 알렸느냐 내가 네게 먹지 말라 명한 그 나무 열매를 네가 먹었느냐.

우리는 어디에 숨었습니까

선한 자는 숨지 않습니다.

생각하고

깨달아 알고

새롭게 하심

돕는 말씀/ 신8:1-3, 딤전6:12-14

기 도

신8:1-3

1 내가 오늘날 명하는 모든 명령을 너희는 지켜 행하라 그리하면 너희가 살고 번성하고 여호와께서 너희의 열조에게 맹세하신 땅에 들어가서 그것을 얻으리라
2 네 하나님 여호와께서 이 사십년 동안에 너로 광야의 길을 걷게 하신 것을 기억하라 이는 너를 낮추시며 너를 시험하사 네 마음이 어떠한지 그 명령을 지키는지 아니 지키는지 알려하심이라
3 너를 낮추시며 너로 주리게 하시며 또 너도 알지 못하며 네 열조도 알지 못하던 만나를 네게 먹이신 것은 사람이 떡으로만 사는 것이 아니요 여호와의 입에서 나오는 모든 말씀으로 사는 줄을 너로 알게 하려 하심이라

딤전6:12-14

12 믿음의 선한 싸움을 싸우라 영생을 취하라 이를 위하여 네가 부르심을 받았고 많은 증인 앞에서 선한 증언을 하였도다
13 만물을 살게 하신 하나님 앞과 본디오 빌라도를 향하여 선한 증거로 증거하신 그리스도 예수 앞에서 내가 너를 명하노니
14 우리 주 예수 그리스도 나타나실 때까지 점도 없고 책망 받을 것도 없이 이 명령을 지키라

생 명

찬송가
시작:258장

찬송가
마침:369장

3. 네가 어디 있느냐

창3:9 "아담을 부르시며"
여호와 하나님이 아담을 부르시며 그에게 이르시되 네가 어디 있느냐.

창3:12-13 "여자에게 이르시되"
아담이 이르되 하나님이 주셔서 나와 함께 있게 하신 여자 그가 그 나무열매를 내게 주므로 내가 먹었나이다. 여호와 하나님이 여자에게 이르시되 네가 어찌하여 이렇게 하였느냐 여자가 이르되 뱀이 나를 꾀므로 내가 먹었나이다.

우리는 어디에 있습니까

우리는 공간의 운명을 지닌 존재입니다. 어디에서 생각하고 살아가는지에 따라 인간의 삶의 양태는 달라집니다. 지금 여기에 각자 서로 다른 공간에서 자신의 삶을 살아갑니다.

<u>생각하고</u>

<u>깨달아 알고</u>

<u>새롭게 하심</u>

돕는 말씀/ 롬5:10-12, 롬6:16

기 도

롬5:10-12

10 곧 우리가 원수 되었을 때에 그의 아들의 죽으심으로 말미암아 하나님과 화목하게 되었은즉 화목하게 된 자로서는 더욱 그의 살아나심으로 말미암아 구원을 받을 것이니라

11 그뿐 아니라 이제 우리로 화목하게 하신 우리 주 예수 그리스도로 말미암아 하나님 안에서 또한 즐거워하느니라

12 그러므로 한 사람으로 말미암아 죄가 세상에 들어오고 죄로 말미암아 사망이 들어왔나니 이와 같이 모든 사람이 죄를 지었으므로 사망이 모든 사람에게 이르렀느니라

롬6:16

너희 자신을 종으로 내주어 누구에게 순종하든지 그 순종함을 받는 자의 종이 되는 줄을 너희가 알지 못하느냐 혹은 죄의 종으로 사망에 이르고 혹은 순종의 종으로 의에 이르느니라

죄 악

찬송가	찬송가
시작:274장	마침:276장

1. 불순종

창3:17-19 "열매를 먹었은즉"
아담에게 이르시되 네가 네 아내의 말을 듣고 내가 네게 먹지 말라 한 나무의 열매를 먹었은즉 땅은 너로 말미암아 저주를 받고 너는 네 평생에 수고하여야 그 소산을 먹으리라 땅이 네게 가시덤불과 엉컹퀴를 낼 것이라 네가 먹을 것은 밭의 채소인즉 네가 흙으로 돌아갈 때까지 얼굴에 땀을 흘려야 먹을 것을 먹으리니 네가 그것에서 취함을 입었음이라 너는 흙이니 흙으로 돌아갈 것이니라 하시니라.

창3:22-24 "동산에서 쫓겨남"
여호와 하나님이 이르시되 보라 이 사람이 선악을 아는 일에 우리 중 하나 같이 되었으니 그가 그의 손을 들어 생명나무 열매도 따먹고 영생할까 하노라 하시고 여호와 하나님이 에덴 동산에서 그를 내보내서 그의 근원이 된 땅을 갈게 하시리라 이같이 하나님이 그 사람을 쫓아내시고, 에덴 동산 동쪽에 그룹들과 두루 도는 불 칼을 두어 생명 나무의 길을 지키게 하시니라.

왜 삶은 고난인가요?

사람은 다양한 삶을 살아갑니다. 만족스러운 삶을 살아가기도 하고 어떤 이는 불행한 삶을 짊어집니다. 그러나 시간이 지나면 그 어떤 삶도 고통의 질곡으로 떨어집니다. 궁극적인 모든 인간의 삶은 고난입니다.

생각하고

깨달아 알고

새롭게 하심

돕는 말씀/ 엡2:2-5, 히3:15-19

기도

엡2:2-5

1 그는 허물과 죄로 죽었던 너희를 살리셨도다
2 그 때에 너희는 그 가운데서 행하여 이 세상 풍조를 따르고 공중의 권세 잡은 자를 따랐으니 곧 지금 불순종의 아들들 가운데서 역사하는 영이라
3 전에는 우리도 다 그 가운데서 우리 육체의 욕심을 따라 지내며 육체와 마음의 원하는 것을 하여 다른 이들과 같이 본질상 진노의 자녀이었더니
4 긍휼이 풍성하신 하나님이 우리를 사랑하신 그 큰 사랑을 인하여
5 허물로 죽은 우리를 그리스도와 함께 살리셨고(너희는 은혜로 구원을 받은 것이라)

히3:15-19

15 성경에 일렀으되 오늘 너희가 그의 음성을 듣거든 격노하시게 하던 것 같이 너희 마음을 완고하게 하지 말라 하였으니
16 듣고 격노하시게 하던 자가 누구냐 모세를 따라 애굽에서 나온 모든 사람이 아니냐
17 또 하나님이 사십 년 동안 누구에게 노하셨느냐 그들의 시체가 광야에 엎드러진 범죄한 자들에게가 아니냐
18 또 하나님이 누구에게 맹세하사 그의 안식에 들어오지 못하리라 하셨느냐 곧 순종하지 아니하던 자들에게가 아니냐
19 이로 보건대 그들이 믿지 아니하므로 능히 들어가지 못한 것이라

죄 악

찬송가
시작:258장

찬송가
마침:369장

2. 죄가 들어옴

창4:4-7 "몹시 분하여"
아벨은 자기도 양의 첫 새끼와 그 기름으로 드렸더니 여호와께서 아벨과 그의 제물은 받으셨으나 가인과 그의 제물은 받지 아니하신지라 가인이 몹시 분하여 안색이 변하니 여호와께서 가인에게 이르시되 네가 분하여 함은 어찌 됨이냐 네가 선을 행하면 어찌 낯을 들지 못하겠느냐 선을 행하지 아니하면 죄가 문에 엎드려 있느니라 죄가 너를 원하나 너는 죄를 다스릴지니라.

창4:8-10 "아벨을 쳐죽임"
가인이 그의 아우 아벨에게 말하고 그들이 들에 있을 때에 가인이 그의 아우 아벨을 쳐죽이니라 여호와께서 가인에게 이르시되 네 아우 아벨이 어디 있느냐 그가 이르되 내가 알지 못하나이다. 내가 내 아우를 지키는 자니이까 이르시되 네가 무엇을 하였느냐 네 아우의 핏소리가 땅에서부터 내게 호소하느니라.

"마음의 죄"와 "행위의 죄"는 어떻게 다릅니까?

죄의 씨앗이 있습니다. 누구나 죄를 범하면 그 이유가 있습니다. 죄는 작은 것에서 시작됩니다. 때로 죄는 드러나기도 하고 감추어지기도 합니다.

<u>생각하고</u>

<u>깨달아 알고</u>

<u>새롭게 하심</u>

돕는 말씀/ 사59:1-5, 롬5:10-12

기도

사59:1-5

1 여호와의 손이 짧아 구원하지 못하심도 아니요 귀가 둔하여 듣지 못하심도 아니라
2 오직 너희 죄악이 너희와 너희 하나님 사이를 갈라 놓았고 너희 죄가 그의 얼굴을 가리어서 너희에게 듣지 않으시게 함이니라
3 이는 너희 손이 피에, 너희 손가락이 죄악에 더러워졌으며 너희 입술은 거짓을 말하며 너희 혀는 악독을 냄이라
4 공의대로 소송하는 자도 없고 진실하게 판결하는 자도 없으며 허망한 것을 의뢰하며 거짓을 말하며 악행을 잉태하여 죄악을 낳으며
5 독사의 알을 품으며 거미줄을 짜나니 그 알을 먹는 자는 죽을 것이요 그 알이 밟힌즉 터져서 독사가 나올 것이니라

롬5:10-12

10 곧 우리가 원수 되었을 때에 그의 아들의 죽으심으로 말미암아 하나님과 화목하게 되었은즉 화목하게 된 자로서는 더욱 그의 살아나심으로 말미암아 구원을 받을 것이니라
11 그 뿐 아니라 이제 우리로 화목하게 하신 우리 주 예수 그리스도로 말미암아 하나님 안에서 또한 즐거워하느니라
12 그러므로 한 사람으로 말미암아 죄가 세상에 들어오고 죄로 말미암아 사망이 들어왔나니 이와 같이 모든 사람이 죄를 지었으므로 사망이 모든 사람에게 이르렀느니라

죄 악

찬송가	찬송가
시작:258장	마침:369장

---

3. 아담의 형상

창5:3-5 "자기의 모양"

아담은 백삼십 세에 자기의 모양 곧 자기의 형상과 같은 아들을 낳아 이름을 셋이라 하였고 아담은 셋을 낳은 후 팔백 년을 지내며 자녀들을 낳았으며 그는 구백삼십 세를 살고 죽었더라.

창6:1-3 "육신"

사람이 땅위에 번성하기 시작할 때에 그들에게서 딸들이 나니 하나님의 아들들이 사람의 딸들의 아름다움을 보고 자기들이 좋아하는 모든 여자를 아내로 삼는지라 여호와께서 이르시되 나의 영이 영원히 사람과 함께 하지 아니하리니 이는 그들이 육신이 됨이라 그러나 그들의 날은 백이십 년이 되리라 하시니라.

우리 자신과 삶의 모습은 무엇입니까?

자식을 보면 그의 부모를 알 수 있다고 하였습니다. 그러기 때문에 형상을 닮는다는 것은 거스를 수 없는 운명입니다.

<u>생각하고</u>

<u>깨달아 알고</u>

<u>새롭게 하심</u>

돕는 말씀/ 롬5:18, 고전15:22-24, 엡4:22-24

기 도

롬5:18
그런즉 한 범죄로 많은 사람이 정죄에 이른 것 같이 한 의로운 행위로 말미암아 많은 사람이 의롭다 하심을 받아 생명에 이르렀느니라

고전15:22-24
22 아담 안에서 모든 사람이 죽은 것 같이 그리스도 안에서 모든 사람이 삶을 얻으리라
23 그러나 각각 자기 차례로 되리니 먼저 첫 열매인 그리스도요 다음에는 그가 강림하실 때에 그리스도에게 속한 자요
24 그 후에는 마지막이니 그가 모든 통치와 모든 권세와 능력을 멸하시고 나라를 아버지 하나님께 바칠 때라

엡4:22-24
22 너희는 유혹의 욕심을 따라 썩어져 가는 구습을 따르는 옛 사람을 벗어 버리고
23 오직 너희의 심령이 새롭게 되어
24 하나님을 따라 의와 진리의 거룩함으로 지으심을 받은 새 사람을 입으라

제1장 어디서 와서 -성부의 하나님-

진 리

찬송가
시작:310장

찬송가
마침:321장

1. 하나님의 은혜

창6:8-11 "은혜를 입었더라"

그러나 노아는 여호와께 은혜를 입었더라. 이것이 노아의 족보니라.

노아는 의인이요 당대에 완전한 자라 그는 하나님과 동행하였으며 세 아들을 낳았으니 셈과 함과 야벳이라 그 때에 온 땅이 하나님 앞에 부패하여 포악함이 땅에 가득한지라.

창9:1-3 "복을 주심"

하나님이 노아와 그 아들들에게 복을 주시며 그들에게 이르시되 생육하고 번성하여 땅에 충만하라 땅의 모든 짐승과 공중의 모든 새와 땅에 기는 모든 것과 바다의 모든 물고기가 너를 두려워하며 너희를 무서워하리니 이것들은 너희의 손에 붙였음이니라 모든 산 동물은 너의 먹을 것이 될지라 채소 같이 내가 이것을 너희에게 주노라.

나에게 주어진 하나님의 선물은 무엇입니까?

"내가 있어야 이웃이 있다!", "내가 건강해야 다른 사람에게 선한 영향력을 줄 수 있다!"라는 말은 타당합니다. 내가 살아 있는 것은 더더욱 놀라운 것입니다.

<u>생각하고</u>

<u>깨달아 알고</u>

<u>새롭게 하심</u>

돕는 말씀/ 엡2:8, 시31:19-24, 행20:24-27

제1장 어디서 와서 -성부의 하나님-

기도

엡2:8
너희는 그 은혜에 의하여 믿음으로 말미암아 구원을 받았으니 이것은 너희에게서 난 것이 아니요 하나님의 선물이라

시31:19-24
19 주를 두려워하는 자를 위하여 쌓아 두신 은혜 곧 주께 피하는 자를 위하여 인생 앞에 베푸신 은혜가 어찌 그리 큰지요.
20 주께서 그들을 주의 은밀한 곳에 숨기사 사람의 꾀에서 벗어나게 하시고 비밀히 장막에 감추사 말 다툼에서 면하게 하시리이다.
21 여호와를 찬송할지어다 견고한 성에서 그의 놀라운 사랑을 내게 보이셨음이로다
22 내가 놀라서 말하기를 주의 목전에서 끊어졌다 하였사오나 내가 주께 부르짖을 때에 주께서 나의 간구하는 소리를 들으셨나이다
23 너희 모든 성도들아 여호와를 사랑하라 여호와께서 진실한 자를 보호하시고 교만하게 행하는 자에게 엄중히 갚으시느니라
24 여호와를 바라는 너희들아 강하고 담대하라

행20:24-27
24 내가 달려갈 길과 주 예수께 받은 사명 곧 하나님의 은혜의 복음을 증언하는 일을 마치려 함에는 나의 생명조차 조금도 귀한 것으로 여기지 아니하노라
25 보라 내가 여러분 중에 왕래하며 하나님의 나라를 전파하였으나 이제는 여러분이 다 내 얼굴을 다시 보지 못할 줄 아노라
26 그러므로 오늘 여러분에게 증언하거니와 모든 사람의 피에 대하여 내가 깨끗하니
27 이는 내가 꺼리지 않고 하나님의 뜻을 다 여러분께 전하였음이라

진 리

찬송가
시작:430장

찬송가
마침:436장

2. 말씀에 순종

창12:1-4 "말씀을 따라 갔고"
여호와께서 아브람에게 이르시되 너는 너의 고향과 친척과 아버지의 집을 떠나 내가 네게 보여줄 땅으로 가라 내가 너로 큰 민족을 이루고 네게 복을 주어 네 이름을 창대하게 하리니 너는 복이 될지라 너를 축복하는 자에게는 내가 복을 내리고 너를 저주하는 자에게는 내가 저주하리니 땅의 모든 족속이 너로 말미암아 복을 얻을 것이라 하신지라 이에 아브람이 여호와의 말씀을 따라갔고 롯도 그와 함께 갔으며 아브람이 하란을 떠날 때에 칠십오 세였더라.

창22:1-2 "시험 하시려고"
그 일 후에 하나님이 아브라함을 시험하시려고 그를 부르시되 아브라함아 하시니 그가 이르되 내가 여기 있나이다. 여호와께서 이르시되 네 아들 네 사랑하는 독자 이삭을 데리고 모리아 땅으로 가서 내가 네게 일러 준 한 산 거기서 그를 번제로 드리라.

우리가 어떻게 해야 의를 이룰 수 있습니까?

박사학위를 통과하고 "이제는 나에게 시험이란 없다!"라고 외친 학도가 있습니다. 한 달 후에 그는 운전면허시험에 떨어졌습니다. 우리는 일생 동안 매일 시험에 마주칩니다. 순종은 시험입니다.

<u>생각하고</u>

<u>깨달아 알고</u>

<u>새롭게 하심</u>

돕는 말씀/ 히11:8, 롬5:17-19, 히5:7-10

기 도

히11:8
믿음으로 아브라함은 부르심을 받았을 때에 순종하여 장래의 유업으로 받을 땅에 나아갈새 갈 바를 알지 못하고 나아갔으며

롬5:17-19
17 한 사람의 범죄로 말미암아 사망이 그 한 사람을 통하여 왕 노릇 하였은즉 더욱 은혜와 의의 선물을 넘치게 받는 자들은 한 분 예수 그리스도를 통하여 생명 안에서 왕 노릇 하리로다
18 그런즉 한 범죄로 많은 사람이 정죄에 이른 것 같이 한 의로운 행위로 말미암아 많은 사람이 의롭다 하심을 받아 생명에 이르렀느니라
19 한 사람이 순종하지 아니함으로 많은 사람이 죄인 된 것 같이 한 사람이 순종하심으로 많은 사람이 의인이 되리라

히5:7-10
7 그는 육체에 계실 때에 자기를 죽음에서 능히 구원하실 이에게 심한 통곡과 눈물로 간구와 소원을 올렸고 그의 경건하심으로 말미암아 들으심을 얻었느니라
8 그가 아들이시면서도 받으신 고난으로 순종함을 배워서
9 온전하게 하셨은즉 자기에게 순종하는 모든 자에게 영원한 구원의 근원이 되시고
10 하나님께 멜기세덱의 반차를 따른 대제사장이라 칭하심을 받으셨느니라

진 리

찬송가	찬송가
시작:268장	마침:438장

3. 자 유

고후3:17-18 "주의 영이 계신 곳"
주는 영이시니 주의 영이 계신 곳에는 자유가 있느니라 우리가 다 수건을 벗은 얼굴로 거울을 보는 것 같이 주의 영광을 보매 그와 같은 형상으로 변화하여 영광에서 영광에 이르니 곧 주의 영으로 말미암음이니라

갈5:1 "자유롭게 하려고"
그리스도께서 우리를 자유롭게 하려고 자유를 주셨으니 그러므로 굳건하게 서서 다시는 종의 멍에를 메지 말라

내 영혼이 목말라했던 것은 무엇입니까?

누구나 한번쯤 지금의 처지를 탈출하고 싶었던 충동을 느낍니다. 삶이 갈급하고 쇠약한 것은 돈과 명예 때문만이 아니었습니다. 오히려 욕망과 소유를 위해 노예가 되었던 것입니다.

<u>생각하고</u>

<u>깨달아 알고</u>

<u>새롭게 하심</u>

돕는 말씀/ 사61:1-3, 요8:31-36

기 도

사61:1-3
1 주 여호와의 영이 내게 내려셨으니 이는 여호와께서 내게 기름을 부으사 가난한 자에게 아름다운 소식을 전하게 하려 하심이라 나를 보내사 마음이 상한 자를 고치며 포로된 자에게 자유를, 갇힌 자에게 놓임을 선포하며
2 여호와의 은혜의 해와 우리 하나님의 보복의 날을 선포하여 모든 슬픈 자를 위로하되
3 무릇 시온에서 슬퍼하는 자에게 화관을 주어 그 재를 대신하며 기쁨의 기름으로 그 슬픔을 대신하며 찬송의 옷으로 그 근심을 대신하시고 그들이 의의 나무 곧 여호와께서 심으신 그 영광을 나타낼 자라 일컬음을 받게 하려 함이라

요8:31-36
31 그러므로 예수께서 자기를 믿은 유대인들에게 이르시되 너희가 내 말에 거하면 참으로 내 제자가 되고
32 진리를 알지니 진리가 너희를 자유롭게 하리라
33 그들이 대답하되 우리가 아브라함의 자손이라 남의 종이 된 적이 없거늘 어찌하여 우리가 자유롭게 되리라 하느냐
34 예수께서 대답하시되 진실로 진실로 너희에게 이르노니 죄를 범하는 자마다 죄의 종이라
35 종은 영원히 집에 거하지 못하되 아들은 영원히 거하나니
36 그러므로 아들이 너희를 자유롭게 하면 너희가 참으로 자유로우리라

제 2 장

어떻게 살다가

— 성자의 하나님 —

어둠에서 빛으로 사람들은 때로 살아야 하는 이유를 묻습니다. 그 이유를 선뜻 말하는 이는 없습니다. 왜 우리가 삶을 영위해야 하는지 그리고 왜 인생의 고난과 역경의 짐을 지녀야 하는지에 대한 물음 앞에 선인들의 언변은 항상 허공의 메아리와 같습니다. 그것은 인간 존재의 근원을 말하지 않기 때문입니다. 인간의 근원은 창조의 역사에서 찾아야 합니다.

창조는 하나님의 "실체"의 세계입니다. 그의 능력으로 세계는 존재합니다. 우주와 자연은 근원이 있습니다. 근원이 없는 존재는 없습니다. 하나님은 창조를 통해서 창조의 근원을 보여주셨습니다. 그것은 인간이었습니다. 마지막 날 인간의 창조는 하나님 세계가 운영되는 서막이었습니다.

"생령이 사람이 된지라!" 실체가 실제가 되는 순간입니다. 물고기는 물을 만나지 않으면 "실제"하지 않습니다. 이러듯 사람은 하나님의 생령을 받음으로써 인간은 "실제"하는 존재가 되었습니다. 하나님은 인간이 세계를 다스리는 주체자가 되시길 원했습니다. 그러나 인간은 나약한 존재였습니다. 사탄의 유혹은 인간의 삶을 모순에 빠트렸습니다.

"하나님께 불순종함으로!" 인간은 더 이상 하나님의 세계를 다스리는 주체자가 되지 못했습니다. 악의 어두움은 우리 삶의 그림자가 되었습니다. 불순종은 죄였습니다. 인간과 하나님과의 관계는 더 이상 "실존"하지 않습니다. 그러나 사랑은 하나님이었습니다. 우리에게 길을 내어 주셨습니다.

"보라 내가 너희 앞에 생명의 길과 사망의 길을 두었노라!" 하나님은 다시 하나님과의 관계를 회복되기를 원하십니다. 예수님을 통해 하나님과의 본질 회복을 원하셨습니다. 그것은 죄의 굴레에서 벗어나는 것입니다. 물과 성령으로 거듭난 자만이 새로운 존재자입니다.

어떻게 살 것인가?
이 물음에 예수님은 대답하십니다.

"너희는 세상의 빛이라!"

어두움으로부터 빛으로의 환원은 그리스도인의 근본적인 삶의 목적입니다.

단원과정

제2장의 주제는 성자의 하나님입니다. 각 단원에서는 "메시아", "복음", "구원", "영혼"을 다룹니다. 인간의 삶은 선과 악의 싸움입니다. 삶은 선택의 연속입니다. 하나님은 선의 편에서 인간의 변화를 요구하십니다. 인간의 죄를 대속하신 예수님을 통해 새로운 삶을 살아가길 원하십니다. 예수님의 십자가 사건은 구원의 역사와 영성의 삶을 깨닫게 해줄 것입니다. 제2장은 우리가 어떻게 살아야 하는지에 관한 영적인 깨달음을 줄 것입니다.

-빛과 생명-
"요한복음1장1-5"

성자의 하나님! 누구나 소망이 있습니다.
하지만 죄를 해결하지 않고서는 우리는 올바른 삶을 살아갈 수 없습니다.
죄로부터 구원은 인간 본질에 관한 문제입니다.
메시아 예수님은 기름을 부은 자입니다.
피를 흘릴 준비가 된 성자의 하나님입니다.
말씀이 육신이 되었습니다.
그는 인간의 죄로부터 구원의 역사를 가지고 이 세상에 오셨습니다.
십자가의 피는 인간에 대한 무한한 사랑입니다.

어떻게 살 것인가?

우리는 빛없이 살아가는 존재입니다.
일상의 고단한 삶은 원죄로부터 시작된 본질적 문제입니다.
이 문제를 반드시 해결해야 합니다.
이를 위해 예수님은 생명과 복음을 주셨습니다.
그것은 아무런 댓가 없이 주신 피와 복음입니다.
예수님은 삶을 주관하시는 성자의 하나님입니다.
빛으로 오신 예수님은 우리의 생명을 건져내셨습니다.
그리스도인으로서 존재하게 하는 것은 "믿음"입니다.
믿음으로 예수님의 이름을 이루고 우리는 온전한 삶과 영생을 갖게 되었습니다.
우리에게 주신 빛과 생명! 이것은 사랑으로 베푼 선물입니다.
예수님은 은혜의 하나님입니다.

메시아

찬송가
시작:303장

찬송가
마침:304장

1. 구원자로 오신 예수님

마1:21-23 "죄에서 구원할 자이심"
아들을 낳으리니 이름을 예수라 하라 이는 그가 자기 백성을 그들의 죄에서 구원할 자이심이라 하니라 이 모든 일이 된 것은 주께서 선지자로 하신 말씀을 이루려 하심이니 이르시되 보라 처녀가 잉태하여 아들을 낳을 것이요 그의 이름은 임마누엘이라 하리라 하셨으니 이를 번역한즉 하나님이 우리와 함께 계시다 함이라.

요3:16-17 "영생을 얻게 함"
하나님이 세상을 이처럼 사랑하사 독생자를 주셨으니 이는 그를 믿는 자마다 멸망하지 않고 영생을 얻게 하려 하심이라 하나님이 그 아들을 세상에 보내신 것은 세상을 심판하려 하심이 아니요 그로 말미암아 세상에 구원을 받게 하려 하심이라.

어둠에서 빛으로 인도하는 자는 누구입니까?

인간은 속성상 악한 존재입니다. 그러므로 사람을 의지하고 믿는다는 것은 어리석음을 자초하는 것입니다. 어떤 위인도 소망과 희망을 주지 못합니다. 그러나 우리에게 믿음이 있습니다.

<u>생각하고</u>

<u>깨달아 알고</u>

<u>새롭게 하심</u>

돕는 말씀/ 빌2:12-16, 히10:36-39

기 도

빌2:12-16

12 그러므로 나의 사랑하는 자들아 너희가 나 있을 때뿐 아니라 더욱 지금 나 없을 때에도 항상 복종하여 두렵고 떨림으로 너희 구원을 이루라
13 너희 안에서 행하시는 이는 하나님이시니 자기의 기쁘신 뜻을 위하여 너희에게 소원을 두고 행하게 하시나니
14 모든 일을 원망과 시비가 없이 하라
15 이는 너희가 흠이 없고 순전하여 어그러지고 거스르는 세대 가운데서 하나님의 흠 없는 자녀로 세상에서 그들 가운데 빛들로 나타내며
16 생명의 말씀을 밝혀 나의 달음질이 헛되지 아니하고 수고도 헛되지 아니함으로 그리스도의 날에 내가 자랑할 것이 있게 하려 함이라

히10:36-39

36 너희에게 인내가 필요함은 너희가 하나님의 뜻을 행한 후에 약속하신 것을 받기 위함이라
37 잠시 잠깐 후면 오실 이가 오시리니 지체하지 아니하시리라
38 나의 의인은 믿음으로 말미암아 살리라 또한 뒤로 물러가면 내 마음이 그를 기뻐하지 아니하리라
39 우리는 뒤로 물러가 멸망할 자가 아니요 오직 영혼을 구원함이 이르는 믿음을 가진 자니라

> **메시아**
>
> 찬송가　　　　　　　　　　찬송가
> 시작:252장　　　　　　　　마침:259장

2. 십자가에 못 박히신 예수님

골2:13-15 "십자가로 이기셨느니라"

또 범죄와 육체의 무할례로 죽었던 너희를 하나님이 그와 함께 살리시고 우리의 모든 죄를 사하시고 우리를 거스르고 불리하게 하는 법조문으로 쓴 증서를 지우시고 제하여 버리사 십자가에 못 박으시고 통치자들과 권세들을 무력화하여 드러내어 구경거리로 삼으시고 십자가로 그들을 이기셨느니라.

히12:2 "십자가를 참으사"

믿음의 주요 또 온전하게 하시는 이인 예수를 바라보자 그는 그 앞에 있는 기쁨을 위하여 십자가를 참으사 부끄러움을 개의치 아니하시더니 하나님 보좌 우편에 앉으셨느니라.

우리 죄의 대가는 무엇입니까?

십자가를 바라보는 관점은 다릅니다. 이성으로는 죽음이지만 믿음 안에서는 생명입니다. 죄를 이긴다는 것은 선한 싸움의 승리를 의미합니다. 죄를 대속하신 예수님의 십자가는 선한 싸움의 승리입니다.

생각하고

깨달아 알고

새롭게 하심

돕는 말씀/ 마16:24-27, 고전1:18, 빌2:5-11

기 도

마16:24-27

24 이에 예수께서 제자들에게 이르시되 누구든지 나를 따라오려거든 자기를 부인하고 자기 십자가를 지고 나를 따를 것이니라

25 누구든지 제 목숨을 구원하고자 하면 잃을 것이요 누구든지 나를 위하여 제 목숨을 잃으면 찾으리라

26 사람이 만일 온 천하를 얻고도 제 목숨을 잃으면 무엇이 유익하리요 사람이 무엇을 주고 제 목숨과 바꾸겠느냐

고전1:18

십자가의 도가 멸망하는 자들에게는 미련한 것이요 구원을 받는 우리에게는 하나님의 능력이라

빌2:5-11

5 너희 안에 이 마음을 품으라 곧 그리스도 예수의 마음이니

6 그는 근본 하나님의 본체시나 하나님과 동등됨을 취할 것으로 여기지 아니하시고

7 오히려 자기를 비워 종의 형제를 가지사 사람들과 같이 되셨고

8 사람의 모양으로 나타나사 자기를 낮추시고 죽기까지 복종하셨으니 곧 십자가에 죽으심이라

9 이러므로 하나님이 그를 지극히 높여 모든 이름 위에 뛰어난 이름을 주사

10 하늘에 있는 자들과 땅에 있는 자들과 땅 아래에 있는 자들로 모든 무릎을 예수의 이름에 꿇게 하시고

11 모든 입으로 예수 그리스도를 주라 시인하여 하나님 아버지께 영광을 돌리게 하셨느니라

메시아

찬송가
시작:161장

찬송가
마침:164장

3. 부활하신 예수 그리스도

요11:25-27 "부활이요 생명이니"
예수께서 이르시되 나는 부활이요 생명이니 나를 믿는 자는 죽어도 살겠고 무릇 살아서 나를 믿는 자는 영원히 죽지 아니하리니 이것을 네가 믿느냐 이르되 주여 그러하외다 주는 그리스도시요 세상에 오시는 하나님의 아들이신 줄 내가 믿나이다.

롬4:24-25 "의롭다 하시기 위하여"
의로 여기심을 받을 우리도 위함이니 곧 예수 우리 주를 죽은 자 가운데서 살리신 이를 믿는 자니라 예수는 우리가 범죄한 것 때문에 내줌이 되고 또한 우리를 의롭다 하시기 위하여 살아나셨느니라.

예수님의 부활과 생명은 나에게 어떤 의미입니까?

"살아도 산 것이 아니다!"라는 옛말이 있습니다. "사는 것이 지옥이다!"라는 말도 있습니다. 삶은 녹녹치 않습니다. 다시 산다는 것은 새 삶을 의미합니다. 우리의 삶은 과거의 삶에 깊이 엮여 있습니다.

생각하고

깨달아 알고

새롭게 하심

돕는 말씀/ 롬6:6-9, 빌3:10-12

기 도

롬6:6-9

6 우리가 알거니와 우리의 옛 사람이 예수와 함께 십자가에 못 박힌 것은 죄의 몸이 죽어 다시는 우리가 죄에게 종 노릇 하지 아니하려 함이라
7 이는 죽은 자가 죄에서 벗어나 의롭다 하심을 얻었음이라
8 만일 우리가 그리스도와 함께 죽었으면 또한 그와 함께 살 줄을 믿노니
9 이는 그리스도께서 죽은 자 가운데서 살아나셨으매 다시 죽지 아니하시고 사망이 다시 그를 주장하지 못할 줄을 앎이로다.

빌3:10-12

10 내가 그리스도와 그 부활의 권능과 그 고난에 참여함을 알고자 하여 그의 죽으심을 본받아
11 어떻게 해서든지 죽은 자 가운데서 부활에 이르려 하노니
12. 내가 이미 얻었다 함도 아니요 온전히 이루었다 함도 아니라 오직 내가 그리스도 예수께 잡힌 바 된 그것을 잡으려고 달려가노라

복 음

찬송가
시작:197장

찬송가
마침:310장

1. 은혜의 복음

고전2:12 "은혜로 주신 것들"
우리가 세상의 영을 받지 아니하고 오직 하나님으로부터 온 영을 받았으니 이는 우리로 하여금 하나님께서 우리에게 은혜로 주신 것들을 알게 하려 하심이라.

고전15:10 "내가 나된 것은"
그러나 내가 나된 것은 하나님의 은혜로 된 것이니 내게 주신 그의 은혜가 헛되지 아니하여 내가 모든 사도보다 더 많이 수고하였으나 내가 한 것이 아니요 오직 나와 함께 하신 하나님의 은혜로라.

··

세상이 하나님의 은혜라는 것을 어떻게 알 수 있습니까?

아픈 몸이 되었을 때 아무것도 할 수 없었습니다. 내가 나를 잃으면 세상은 아름다움도 존재하지 않습니다. 영이 건강한 것은 복입니다.

생각하고

깨달아 알고

새롭게 하심

··

돕는 말씀/ 롬5:20-21, 고후6:1-2, 벧전1:13-16

기 도

롬5:20-21
20 율법이 들어온 것은 범죄를 더하게 하려함이라 그러나 죄가 더한 곳에 은혜가 더욱 넘쳤나니
21 이는 죄가 사망 안에서 왕 노릇 한 것 같이 은혜도 또한 의로 말미암아 왕 노릇하여 우리 주 예수 그리스도로 말미암아 영생에 이르게 하려 함이라

고후6:1-2
1 우리가 하나님과 함께 일하는 자로서 너희를 권하노니 하나님의 은혜를 헛되이 받지 말라
2 이르시되 내가 은혜 베풀 때에 너에게 듣고 구원의 날에 너를 도왔다 하셨으니 보라 지금은 은혜 받을 만한 때요 보라 지금은 구원의 날이로다

벧전1:13-16
13 그러므로 너희 마음의 허리를 동이고 근신하여 예수 그리스도께서 나타나실 때에 너희에게 가져다 주실 은혜를 온전히 바랄지어다.
14 너희가 순종하는 자식처럼 전에 알지 못할 때에 따르던 너희 사욕을 본받지 말고
15 오직 너를 부르신 거룩한 이처럼 너희도 모든 행실에 거룩한 자가 되라
16 기록되었으되 내가 거룩하니 너희도 거룩할지어다 하셨느니라

복 음

찬송가
시작:250장

찬송가
마침:542장

2. 구원의 복음

롬5:10 "하나님과 화목하게"
곧 우리가 원수 되었을 때에 그의 아들의 죽으심으로 말미암아 하나님과 화목하게 되었은즉 화목하게 된 자로서는 더욱 그의 살아나심으로 말미암아 구원을 받을 것이니라.

히11:7 "의의 상속자"
믿음으로 노아는 아직 보이지 않는 일에 경고하심을 받아 경외함으로 방주를 준비하여 그 집을 구원하였으니 이로 말미암아 세상을 정죄하고 믿음을 따르는 의의 상속자가 되었느니라.

인생에서 가장 큰 짐은 무엇입니까?

"죄를 짓고는 못 산다!"라는 말은 죄의 무게가 얼마나 큰가를 가늠할 수 있는 말입니다.

<u>생각하고</u>

<u>깨달아 알고</u>

<u>새롭게 하심</u>

돕는 말씀/ 엡1:13-14, 살후2:13-14, 약2:14

기도

엡1:13-14
13 그 안에서 너희도 진리의 말씀 곧 너희의 구원의 복음을 듣고 그 안에서 또한 믿어 약속의 성령으로 인치심을 받았으니
14 이는 우리 기업의 보증이 되사 그 얻으신 것을 속량하시고 그의 영광을 찬송하게 하려 하심이라

살후2:13-14
13 주께서 사랑하시는 형제들아 우리가 항상 너희에 관하여 마땅히 하나님께 감사할 것은 하나님이 처음부터 너희를 택하사 성령의 거룩하게 하심과 진리를 믿음으로 구원을 받게 하심이니
14 이를 위하여 우리의 복음으로 너희를 부르사 우리 주 예수 그리스도의 영광을 얻게 하려 하심이니라

약2:14
내 형제들아 만일 사람이 믿음이 있노라 하고 행함이 없으면 무슨 유익이 있으리요 그 믿음이 능히 자기를 구원하겠느냐

복 음	
찬송가 시작:250장	찬송가 마침:542장

3. 천국의 복음

마5:10 "의를 위하여"
의를 위하여 박해를 받은 자는 복이 있나니 천국이 그들의 것임이라.

마7:21 "아버지의 뜻대로"
나더러 주여 주여 하는 자마다 다 천국에 들어갈 것이 아니요 다만 하늘에 계신 내 아버지의 뜻대로 행하는 자라야 들어가리라.

무엇을 버려야 천국에 갈 수 있습니까?

뜻대로 되지 않는 것이 인생이라고 합니다. 이것은 삶의 불확실성을 의미합니다. 그러나 우리는 자신의 의지를 믿습니다.

생각하고

깨달아 알고

새롭게 하심

돕는 말씀/ 마4:16-17, 마24:14, 롬14:17-18, 약2:14

기 도

마4:16-17
16 흑암에 앉은 백성이 큰 빛을 보았고 사망의 땅과 그늘에 앉은 자들에게 빛이 비치었도다
17 이 때부터 예수께서 비로소 전파하여 이르시되 회개하라 천국이 가까이 왔느니라 하시더라

마24:14
이 천국 복음이 모든 민족에게 증언되기 위하여 온 세상에 전파되리니 그제야 끝이 오리라

롬14:17-18
17 하나님의 나라는 먹는 것과 마시는 것이 아니요 오직 성령 안에 있는 의와 평강과 희락이라
18 이로써 그리스도를 섬기는 자는 하나님을 기쁘시게 하며 사람에게도 칭찬을 받느니라

약2:14
내 형제들아 만일 사람이 믿음이 있노라 하고 행함이 없으면 무슨 유익이 있으리요 그 믿음이 능히 자기를 구원하겠느냐

믿 음

찬송가
시작:528장

찬송가
마침:337장

1. 은혜와 선물

롬5:1-2 "은혜에 들어감을"
그러므로 우리가 믿음으로 의롭다 하심을 받았으니 우리 주 예수 그리스도로 말미암아 하나님과 화평을 누리자 또한 그로 말미암아 우리가 믿음으로 서 있는 은혜에 들어감을 얻었으며 하나님의 영광을 바라고 즐거워하느니라.

롬4:16 "믿음으로 되나니"
그러므로 상속자가 되는 그것이 은혜에 속하기 위하여 믿음으로 되나니 이는 그 약속을 그 모든 후손에게 굳게 하려 하심이라 율법에 속한 자에게뿐만 아니라 아브라함의 믿음에 속한 자에게도 그러하니 아브라함은 우리 모든 사람의 조상이라.

믿음은 어디서 옵니까?

믿음이 존재하지 않는다면 세상은 불안의 도가니일 것입니다. 믿음은 삶의 소망이며 영의 생명입니다. 새 생명에 대한 믿음은 아무런 대가 없는 선물입니다.

<u>생각하고</u>

<u>깨달아 알고</u>

<u>새롭게 하심</u>

돕는 말씀/ 롬5:15-17, 엡2:8-10

기 도

롬5:15-17

15 그러나 이 은사는 그 범죄와 같지 아니하니 곧 한 사람의 범죄를 인하여 많은 사람이 죽었은즉 더욱 하나님의 은혜와 또한 한 사람 예수 그리스도의 은혜로 말미암은 선물은 많은 사람에게 넘쳤느니라
16 또 이 선물은 범죄한 한 사람으로 말미암은 것과 같지 아니하니 심판은 한 사람으로 말미암아 정죄에 이르렀으나 은사는 많은 범죄로 말미암아 의롭다 하심에 이름이니라
17 한 사람의 범죄로 말미암아 사망이 그 한 사람을 통하여 왕 노릇 하였은즉 더욱은혜와 의의 선물을 넘치게 받는 자들은 한 분 예수 그리스도를 통하여 생명 안에서 왕 노릇 하리로다

엡2:8-10

8 너희는 그 은혜에 의하여 믿음으로 말미암아 구원을 받았으니 이것은 너희에게서 난 것이 아니요 하나님의 선물이라
9 행위에서 난 것이 아니니 이는 누구든지 자랑하지 못하게 함이라
10 우리는 그가 만드신 바라 그리스도 예수 안에서 선한 일을 위하여 지으심을 받은 자니 이 일은 하나님이 전에 예비하사 우리로 그 가운데서 행하게 하려 하심이니라

믿 음

찬송가
시작:528장

찬송가
마침:337장

---

2. 약 속

벧후3:13-14 "새 하늘과 새 땅"

우리는 그의 약속대로 의가 있는 곳인 새 하늘과 새 땅을 바라보도다 그러므로 사랑하는 자들아 너희가 이것을 바라보나니 주 앞에서 점도 없고 흠도 없이 평강 가운데서 나타나기를 힘쓰라.

요일2:24-25 "영원한 생명"

너희는 처음부터 들은 것을 너희 안에 거하게 하라 처음부터 들은 것이 너희 안에 거하면 너희가 아들과 아버지 안에 거하리라 그가 우리에게 약속하신 것은 이것이니 곧 영원한 생명이니라.

참된 소망은 무엇입니까?

약속의 하나님! 이것은 우리에게 희망과 소망을 주는 믿음입니다. 하나님이 약속하신 말씀이 이루어지기를 우리는 기도합니다.

<u>생각하고</u>

<u>깨달아 알고</u>

<u>새롭게 하심</u>

돕는 말씀/ 히11:1-2, 히10:36, 히11:17-19

기 도

히11:1-2
1 믿음은 바라는 것들의 실상이요 보이지 않는 것들의 증거니
2 선진들이 이로써 증거를 얻었느니라

히10:36
너희에게 인내가 필요함은 너희가 하나님의 뜻을 행한 후에 약속하신 것을 받기 위함이라

히11:17-19
17 아브라함은 시험을 받을 때에 믿음으로 이삭을 드렸으니 그는 약속들을 받은 자로되 그 외아들을 드렸느니라
18 그에게 이미 말씀하시기를 네 자손이라 칭할 자는 이삭으로 말미암으리라 하셨으니
19 그가 하나님이 능히 이삭을 죽은 자 가운데서 다시 살리실 줄로 생각한지라 비유컨대 그를 죽은 자 가운데서 도로 받는 것이니라

믿 음

찬송가
시작:352장

찬송가
마침:359장

3. 증 거

요일5:10-11 "영생을 주신 것"
하나님의 아들을 믿는 자는 자기 안에 증거가 있고 하나님을 믿지 아니하는 자는 하나님을 거짓말하는 자로 만드나니 이는 하나님께서 그 아들에 대하여 증언하신 증거를 믿지 아니하였음이라 또 증거는 이것이니 하나님이 우리에게 영생을 주신 것과 이 생명이 그의 아들 안에 있는 그것이니라.

계1:2-3 "본 것을 증언"
요한은 하나님의 말씀과 예수 그리스도의 증거 곧 자기가 본 것을 다 증언하였느니라 이 예언의 말씀을 읽는 자와 듣는 자와 그 가운데에 기록한 것을 지키는 자는 복이 있나니 때가 가까움이라.

믿음의 증거는 무엇입니까?

체험하지 않으면 믿음은 존재하지 않습니다. 체험하는 자는 증거합니다.

<u>생각하고</u>

<u>깨달아 알고</u>

<u>새롭게 하심</u>

돕는 말씀/ 빌1:27-30, 요일5:9-10

기도

빌1:27-30
27 오직 너희는 그리스도의 복음에 합당하게 생활하라 이는 내가 너희에게 가 보나 떠나 있으나 너희가 한마음으로 서서 한 뜻으로 복음의 신앙을 위하여 협력하는 것과
28 무슨 일에든지 대적하는 자들 때문에 두려워하지 아니하는 이 일을 듣고자 함이라 이것이 그들에게는 멸망의 증거요 너희에게는 구원의 증거니 이는 하나님께로부터 난 것이라
29 그리스도를 위하여 너희에게 은혜를 주신 것은 다만 그를 믿을 뿐 아니라 또한 그를 위하여 고난도 받게 하려 하심이라
30 너희에게도 그와 같은 싸움이 있으니 너희가 내 안에서 본 바요 이제도 내 안에서 듣는 바니라

요일5:9-10
9 만일 우리가 사람들의 증언을 받을진대 하나님의 증거는 더욱 크도다 하나님의 증거는 이것이니 그의 아들에 대하여 증언하신 것이니라
10 하나님의 아들을 믿는 자는 자기 안에 증거가 있고 하나님을 믿지 아니하는 자는 하나님을 거짓말하는 자로 만드나니 이는 하나님께서 그 아들에 대하여 증언하신 증거를 믿지 아니하였음이라

구 원

찬송가
시작:284장

찬송가
마침:288장

1. 죄

딤전1:14-15 "죄인 중에 내가 괴수"
우리 주의 은혜가 그리스도 예수 안에 있는 믿음과 사랑과 함께 넘치도록 풍성하였도다 미쁘다 모든 사람이 받을 만한 이 말이여 그리스도 예수께서 죄인을 구원하시려고 세상에 임하셨다 하였도다 죄인 중에 내가 괴수니라.

히9:27-28 "죄를 담당하시려고"
한번 죽는 것은 사람에게 정해진 것이요 그 후에는 심판이 있으리니 이와 같이 그리스도도 많은 사람의 죄를 담당하시려고 단번에 드리신 바 되셨고 구원에 이르게 하기 위하여 죄와 상관 없이 자기를 바라는 자들에게 두 번째 나타나시리라.

내 안에 죄는 무엇입니까?

마음으로 살인하는 것은 드러나지 않습니다. 마음의 죄는 아무도 알지 못합니다. 오직 사탄과 하나님만이 알 수 있습니다.

<u>생각하고</u>

<u>깨달아 알고</u>

<u>새롭게 하심</u>

돕는 말씀/ 롬3:23-28, 롬5:12-15

기 도

롬3:23-28

23 모든 사람이 죄를 범하였으매 하나님의 영광에 이르지 못하더니
24 그리스도예수 안에 있는 속량으로 말미암아 하나님의 은혜로 값 없이 의롭다 하심을 얻은 자 되었느니라
25 이 예수를 하나님이 그의 피로써 믿음으로 말미암는 화목제물로 세우셨으니 이는 하나님께서 길이 참으시는 중에 전에 지은 죄를 간과하심으로 자기의 의로우심을 나타내려 하심이니
26 곧 이 때에 자기의 의로우심을 나타내사 자기도 의로우시며 또한 예수 믿는 자를 의롭다 하려 하심이라
27 그런즉 자랑할 데가 어디냐 있을 수가 없느니라 무슨 법으로냐 행위로냐 아니라 오직 믿음의 법으로니라
28 그러므로 사람이 의롭다 하심을 얻는 것은 율법의 행위에 있지 않고 믿음으로 되는 줄 우리가 인정하노라

롬5:12-15

12 그러므로 한 사람으로 말미암아 죄가 세상에 들어오고 죄로 말미암아 사망이 들어왔나니 이와 같이 모든 사람이 죄를 지었으므로 사망이 모든 사람에게 이르렀느니라
13 죄가 율법 있기 전에도 세상에 있었으나 율법이 없었을 때에는 죄를 죄로 여기지 아니하였느니라
14 그러나 아담으로부터 모세까지 아담의 범죄와 같은 죄를 짓지 아니한 자들까지도 사망이 왕 노릇 하였나니 아담은 오실 자의3)모형이라
15 그러나 이 은사는 그 범죄와 같지 아니하니 곧 한 사람의 범죄를 인하여 많은 사람이 죽었은즉 더욱 하나님의은혜와 또한 한 사람예수 그리스도의은혜로 말미암은 선물은 많은 사람에게 넘쳤느니라

제2장 어떻게 살다가 -성자의 하나님-

구 원

찬송가
시작:144장

찬송가
마침:150장

2. 생 명

골2:13-15 "죽었던 너희를"

또 범죄와 육체의 무할례로 죽었던 너희를 하나님이 그와 함께 살리시고 우리의 모든 죄를 사하시고 우리를 거스르고 불리하게 하는 법조문으로 쓴 증서를 지우시고 제하여 버리사 십자가에 못박으시고 통치자들과 권세들을 무력화하여 드러내어 구경거리로 삼으시고 십자가로 그들을 이기셨느니라.

골3:1-4 "살리심을 받았으면"

그러므로 너희가 그리스도와 함께 다시 살리심을 받았으면 위의 것을 찾으라 거기는 그리스도께서 하나님 우편에 앉아 계시느니라 위의 것을 생각하고 땅의 것을 생각하지 말라 이는 너희가 죽었고 너희 생명이 그리스도와 함께 하나님 안에 감추어졌음이라 우리 생명이신 그리스도께서 나타나실 그때에 너희도 함께 영광 중에 나타나리라.

영적으로 죽은 자의 모습은 무엇입니까?

죄를 사함을 받았다는 것은 죄가 없다는 의미입니다. 예수님이 우리의 죄를 대속하여 돌아가셨다는 믿음은 새 생명입니다. 믿음은 구원입니다. 영적으로 다시 산 생명입니다.

생각하고

깨달아 알고

새롭게 하심

돕는 말씀/ 롬8:10-11, 롬10:9-10, 엡2:5

기 도

롬8:10-11

10 또 그리스도께서 너희 안에 계시면 몸은 죄로 말미암아 죽은 것이나 영은 의로 말미암아 살아 있는 것이니라

11 예수를 죽은 자 가운데서 살리신 이의 영이 너희 안에 거하시면 그리스도 예수를 죽은 가운데서 살리신 이가 너희 안에 거하시는 그의 영으로 말미암아 너희 죽을 롬도 살리시리라

롬10:9-10

9 네가 만일 네 입으로 예수를 주로 시인하며 또 하나님께서 그를 죽은 자 가운데서 살리신 것을 네 마음에 믿으면 구원을 받으리라

10 사람이 마음으로 믿어 의에 이르고 입으로 시인하여 구원에 이르느니라

엡2:5

허물로 죽은 우리를 그리스도와 함께 살리셨고 (너희는 은혜로 구원을 받은 것이라)

구 원

찬송가
시작:263장

찬송가
마침:270장

3. 영 혼

히10:38-39 "오직 영혼 구원"
나의 의인은 믿음으로 말미암아 살리라 또한 뒤로 물러가면 내 마음이 그를 기뻐하지 아니하리라 하셨느니라 우리는 뒤로 물러가 멸망할 자가 아니요 오직 영혼을 구원함에 이르는 믿음을 가진 자니라.

벧전1:9-11 "그리스도의 영"
믿음의 결국 곧 영혼의 구원을 받음이라 이 구원에 대하여는 너희에게 임할 은혜를 예언하던 선지자들이 연구하고 부지런히 살펴서 자기 속에 계신 그리스도의 영이 그 받으실 고난과 후에 받으실 영광을 미리 증언하여 누구를 또 어떠한 때를 지시하시는지 상고하니라.

나의 믿음의 고백은 무엇입니까?

산 자의 영과 그리스도의 영이 함께 거할 때 새생명으로 새로운 삶을 살아갑니다. 믿음으로 산 자는 자기 속에 그리스도의 영이 함께 계십니다.

생각하고

깨달아 알고

새롭게 하심

돕는 말씀/ 행7:55-60, 약1:20-22

기 도

행7:55-60
55 스데반이 성령이 충만하여 하늘을 우러러 주목하여 하나님의 영광과 및 예수께서 하나님 우편에 서신 것을 보고.
56 말하되 보라 하늘이 열리고 인자가 하나님 우편에 서신 것을 보노라 한 대.
57 저희가 큰 소리를 지르며 귀를 막고 일심으로 그에게 달려들어.
58 성 밖에 내치고 돌로 칠새 증인들이 옷을 벗어 사울이라 하는 청년의 발 앞에 두니라
59 저희가 돌로 스데반을 치니 스데반이 부르짖어 가로되 주 예수여 내 영혼을 받으시옵소서 하고
60 무릎을 꿇고 크게 불러 가로되 주여 이 죄를 저들에게 돌리지 마옵소서 이 말을 하고 자니라

약1:20-22
20 사람의 성내는 것이 하나님의 의를 이루지 못함이니라
21 그러므로 모든 더러운 것과 넘치는 악을 내어 버리고 능히 너희 영혼을 구원할바 마음에 심긴 도를 온유함으로 받으라
22 너희는 도를 행하는 자가 되고 듣기만 하여 자신을 속이는 자가 되지 말라

영 생

| 찬송가 시작:516장 | 찬송가 마침:514장 |

1. 영생의 길

요5:24 "사망에서 생명으로"
내가 진실로 진실로 너희에게 이르노니 내 말을 듣고 또 내 보내신 이를 믿는 자는 영생을 얻었고 심판에 이르지 아니하나니 사망에서 생명으로 옮겼느니라.

요6:39-40 "아버지의 뜻"
나를 보내신 이의 뜻은 내게 주신 자 중에 내가 하나도 잃어버리지 아니하고 마지막 날에 다시 살리는 이것이니라 내 아버지의 뜻은 아들을 보고 믿는 자마다 영생을 얻는 이것이니 마지막 날에 내가 이를 다시 살리리라 하시니라.

영생의 길은 무엇입니까?

죽음의 세계는 아무도 모릅니다. 죽음의 세계는 오직 믿음으로 알 수 있습니다. 영생의 관문은 믿음입니다. 하나님은 사랑의 표징으로 예수님을 이 땅에 보내셨습니다.

생각하고

깨달아 알고

새롭게 하심

돕는 말씀/ 요3:36, 창3:22-24, 요3:36

기 도

요3:36
아들을 믿는 자는 영생이 있고 아들을 순종치 아니하는 자는 영생을 보지 못하고 도리어 하나님의 진노가 그 위에 머물러 있느니라

창3:22-24
22 여호와 하나님이 가라사대 보라 이 사람이 선악을 아는 일에 우리 중 하나 같이 되었으니 그가 그 손을 들어 생명나무 실과도 따먹고 영생할까 하노라 하시고
23 여호와 하나님이 에덴 동산에서 그 사람을 내어 보내어 그의 근본된 토지를 갈게 하시니라
24 이같이 하나님이 그 사람을 쫓아내시고 에덴 동산 동편에 그룹들과 두루 도는 화염검을 두어 생명나무의 길을 지키게 하시니라

요3:36
아들을 믿는 자에게는 영생이 있고 아들에게 순종하지 아니하는 자는 영생을 보지 못하고 도리어 하나님의 진노가 그 위에 머물러 있느니라

영 생

찬송가
시작:516장

찬송가
마침:514장

2. 성령으로부터

갈6:8-9 "성령으로 영생을"
자기의 육체를 위하여 심는 자는 육체로부터 썩어질 것을 거두고 성령을 위하여 심는 자는 성령으로부터 영생을 거두리라 우리가 선을 행하되 낙심하지 말지니 포기하지 아니하면 때가 이르매 거두리라.

유1:20-21 "영생에 이르도록"
사랑하는 자들아 너희는 너희의 지극히 거룩한 믿음 위에 자신을 세우며 성령으로 기도하며 하나님의 사랑 안에서 자신을 지키며 영생에 이르도록 우리 주 예수 그리스도의 긍휼을 기다리라.

삶 가운데서 자신이 구하였던 것이 무엇입니까?

우리는 살아가면서 수많은 것들을 성취하려고 하였습니다. 그 성취는 희망이 되기도 하고 욕망이 되기도 했습니다. 그러나 시간이 지나 되돌아보면 한갓 쓸려갈 떨어진 잎과 같은 것이었고 영은 메말라 갔습니다.

생각하고

깨달아 알고

새롭게 하심

돕는 말씀/ 시133:1-3, 요6:40, 요일5:19-21

기도

시133:1-3
1 형제가 연합하여 동거함이 어찌 그리 선하고 아름다운고
2 머리에 있는 보배로운 기름이 수염 곧 아론의 수염에 흘러서 그 옷깃까지 내림 같고
3 헬몬의 이슬이 시온의 산들에 내림 같도다 거기서 여호와께서 복을 명하셨나니 곧 영생이로다

요6:40
내 아버지의 뜻은 아들을 보고 믿는 자마다 영생을 얻는 이것이니 마지막 날에 내가 이를 다시 살리리라 하시니라

요일5:19-21
19 또 아는 것은 우리는 하나님께 속하고 온 세상은 악한 자 안에 처한 것이며
20 또 아는 것은 하나님의 아들이 이르러 우리에게 지각을 주사 우리로 참된 자를 알게 하신 것과 또한 우리가 참된 자 곧 그의 아들 예수 그리스도 안에 있는 것이니 그는 참 하나님이시오 영생이시라
21 자녀들아 너희 자신을 지켜 우상에서 멀리하라

영 생	
찬송가 시작:187장	찬송가 마침:195장

3. 성령의 고난을 받으라

막1:12 "광야로 데리고 가시리라"
성령께서 즉시 그분을 광야로 데리고 가시니라.

마4:1-11 "시험을 받으러"
네가 만약 하나님의 아들이어든 명하여 이 돌들로 떡덩이가 되게 하라 네가 만약 하나님의 아들이어든 뛰어내리라 내게 엎으려 경배하면 모든 것을 네게 주리라.

마4:10 "마귀는 예수를 떠나고"
사탄아 물러가라 기록되었으되 주 너의 하나님께 경배하고 다만 그를 섬기라 하였느니라 이에 마귀는 예수를 떠나고 천사들이 나아와서 수종드니라.

예수님은 왜 광야에서 시험을 받았습니까?

순수한 결정체를 얻기위해 금석은 용광로에 타들어가 불순물을 제거합니다. 그러듯 죄에 속한 나의 영혼을 불태워야 합니다.

<u>생각하고</u>

<u>깨달아 알고</u>

<u>새롭게 하심</u>

돕는 말씀/ 요일5: 6-8, 요일5:11-12, 행1:8, 계2:7

제2장 어떻게 살다가 -성자의 하나님-

기 도

요일5:6-8
6 이는 물과 피로 임하신 이 시니 곧 예수 그리스도이시라 물로만 아니오 물과 피로 임하셨고 증언하는 이는 성령이 시니 성령은 진리니라
7 증언하는 이가 셋이니
8 성령과 물과 피라 또한 이 셋은 합하여 하나이니라

요일5:11-12
11 또 증거는 이것이니 하나님이 우리에게 영생을 주신 것과 이 생명이 그의 아들 안에 있는 그것이니라
12 아들이 있는 자에게는 생명이 있고 하나님의 아들이 없는 자에게는 생명이 없느니라

행1:8
8 오직 성령이 너희에게 임하시면 너희가 권능을 받고 예루살렘과 온 유대와 사마리아와 땅끝까지 이르너 내증인이 되리라 하시니라

계2:7
7 귀있는 자는 성령이 교회들에게 하시는 말씀을 들을 지어다

제 3 장

어디로 가는가

— 성령의 하나님 —

생명 뒤를 돌아봅니다. 우리가 갈망했던 모든 것들은 실체도 실제도 아니었습니다. 단지 우리 마음에서 사라질 희미한 흔적일 뿐입니다. 우리의 인생은 허구였습니다. 길이 없는 길 위에 서서 망망한 들판을 바라보는 고독한 존재입니다. 어디로 가는지 모른 채 살아왔습니다. 손에 움켜 소유한 것들은 고단한 삶의 짐이었습니다.

"내일 일을 너희가 알지 못하는도다. 너희 생명이 무엇이뇨 너희는 잠깐 보이다가 없어지는 안개니라!"(약4:14)

생명은 사라집니다. 죽음 앞에 인간의 영광은 없습니다. 바람에 쓸려 지나간 황폐한 흔적만 있을 뿐입니다. 알고 보면 우리는 의지대로 살아갈 수 없는 존재였습니다. 알 수 없는 것이 인생입니다. 인생의 도상에서 창조주 하나님을 잊었습니다. 다가올 죽음은 언제일지 아무도 모릅니다.

"그러므로 깨어 있으라 집주인이 언제 올는지 혹 저물 때일는지, 밤중일는지, 닭 울 때에든지, 새벽에든지, 너희가 알지 못함이라!"(막13:35)

먼 시간을 거쳐 비로소 깨달은 것은 어디로 가고 있는지 모르고 살았다는 것입니다. 일찍이 우리에게는 부활과 하늘나라에 대한 소망이 있습니다. 다시 한번 삶의 한가운데서 우리의 하늘나라에 대한 열망을 기도합니다. 그러나 하나님과 동행하지 않는 자는 살아도 죽은 자입니다.

"나더러 주여 주여 하는 자마다 다 천국에 들어 갈 것이 아니요 다만 하늘에 계신 내 아버지의 뜻대로 행하는 자라야 들어가리라!" (마7:21)

"여기" 그리고 "지금"이 삶의 목적이 천국이 되어야 합니다. 예수님은 천국은 우리 마음 안에 있다고 하셨습니다. 이 땅에 천국을 이루는 것입니다. 내 마음에 예수님을 모시고 살아갈 때 비로소 영원한 천국에 이르게 됩니다.

"그 날에는 내가 아버지 안에, 너희가 내 안에 내가 너희 안에 있는 것을 너희가 알리라!" (요14:20)

그것은 감추어진 비밀이었습니다. 천국은 마치 작은 것으로부터 펼쳐가는 나라입니다. 성부, 성자, 성령의 하나님을 내 마음에 모실 때 우리의 심령이 누룩과 같이 하나님의 세계로 확장할 수 있습니다. 일치된 영적 만남의 순간에 하나님의 나라에 속하게 되는 것입니다. 어디로 가는가? 이 물음에 반드시 대답할 수 있어야 합니다. 우리가 가야 할 여정은 온전히 예수님에 속하는 것입니다.

단원과정

제3장의 주제는 성령의 하나님입니다. 각 단원은 "성령", "생명", "교회"를 다룹니다. 성령의 체험은 곧 예수님을 만나는 것입니다. 성령 하나님이 우리 안에 거하고 우리가 예수님 안에 거할 때 그리스도인의 궁극적인 삶이 완성됩니다. 성령님은 우리의 삶을 주관하시고 영적 세계로 인도하십니다. 제3장은 하늘나라가 어떻게 완성되지 그리고 하늘나라를 위해서 교회가 어떤 역할을 해야 하는지를 깨닫게 할 것입니다.

- 인도하심 -

"요한복음 16:7-13"

"성령님을 소멸치 말라!"
처음 만났던 하나님! 눈물로 우리의 가슴을 뜨겁게 달구었던 것은 성령의 하나님이였습니다.
우리의 삶을 주관하시는 성령의 하나님은 우리를 인도하는 빛입니다.
성령 하나님만이 우리를 깨닫고 가르치십니다.

"육신이 아니라 성령의 생각을 따라 선을 행하라!"

우리는 스스로 깨닫지 못합니다.
인간은 본래 불완전성을 지닌 존재입니다.
삶은 노력으로 이루어지는 것이 아닙니다.
우리의 의지로 전철된 삶은 고단합니다.
도우시는 성령 하나님만이 깨닫게 하시고 삶을 변화시키십니다.
나의 의지가 아니라 성령의 생각을 따라 선을 행해야 합니다.

"네가 이것을 보았느냐?"

변한다는 것은 완전히 다른 양태로 전환한다는 것입니다.
스스로 새사람이 될 수 없습니다.
물과 성령으로 거듭나야만 합니다.
성령 하나님은 옛것을 버리고 새것을 갖기를 원하십니다.
죄의 그늘에서 서성이는 자가 되지 말고 이제 성령의 빛을 따라야 합니다.
우리에게 처음 성령님을 만났던 감격이 있습니다.
이제 삶 속에서 성령님이 하시는 일을 보아야 합니다.

성 령

찬송가
시작:184장

찬송가
마침:196장

1. 약 속

행1:4-5 "성령으로 세례를"
사도와 함께 모이사 그들에게 분부하여 이르시되 예루살렘을 떠나지 말고 내게서 들은 바 아버지께서 약속하신 것을 기다리라 요한은 물로 세례를 베풀었으나 너희는 몇 날이 못되어 성령으로 세례를 받으리라 하셨느니라.

행2:33 "약속하신 성령을"
하나님이 오른손으로 예수를 높이시매 그가 약속하신 성령을 아버지께 받아서 너희가 보고 듣는 이것을 부어 주셨느니라.

삶을 변화시키는 약속은 무엇입니까?

오직 하나님만이 우리의 삶을 변화시킬 수 있습니다. 구원은 하나님의 약속입니다. 구원을 받은 자의 믿음은 성령님이 주관하십니다. 성령님은 우리의 인격을 변화시킵니다.

생각하고

깨달아 알고

새롭게 하심

돕는 말씀/ 눅24:49, 갈3:14-16, 엡1:13-14

기 도

눅24:49
볼지어다 내가 내 아버지께서 약속하신 것을 너희에게 보내리니 너희는 위로부터 능력으로 입혀질 때까지 이 성에 머물라 하시니라

갈3:14-16
14 이는 그리스도 예수 안에서 아브라함의 복이 이방인에게 미치게 하고 또 우리로 하여금 믿음으로 말미암아 성령의 약속을 받게 하려 함이라
15 형제들아 사람의 예대로 말하노니 사람의 언약이라도 정한 후에는 아무나 폐하거나 더하거나 더더하거나 하지 못하느니라
16 이 약속들은 아브라함과 그 자손에게 말씀하신 것인데 여럿을 가리켜 그 자손들이라 하지 아니하시고 오직 하나를 가르켜 그 자손들이라 하셨으니 곧 그리스도라

엡1:13-14
13 그 안에서 너희도 진리의 말씀 곧 너희의 구원의 복음을 듣고 그 안에서 또한 믿어 약속의 성령으로 인치심을 받았으니
14 이는 우리의 기업에 보증이 되사 그 얻으신 것을 구속하시고 그의 영광을 찬미하게 하려 하심이라

성 령

찬송가
시작:492장

찬송가
마침:496장

2. 거룩

살후2:13-14 "거룩하게 하심"
주께서 사랑하시는 형제들아 우리가 항상 너희에 관하여 마땅히 하나님께 감사할 것은 하나님이 처음부터 너희를 택하사 성령의 거룩하게 하심과 진리를 믿음으로 구원을 받게 하심이니 이를 위하여 우리의 복음으로 너희를 부르사 우리 주 예수 그리스도의 영광을 얻게 하려 하심이니라.

벧전1:2 "택하심을 받은 자"
곧 하나님 아버지의 미리 아심을 따라 성령이 거룩하게 하심으로 순종함과 예수 그리스도의 피 뿌림을 얻기 위하여 택하심을 받은 자들에게 편지하노니 은혜와 평강이 너희에게 더욱 많을지어다.

내가 나의 존재로 살아간다는 것은 무엇입니까?

사람은 각기 다른 삶의 방식이 있습니다. 다른 사람처럼 살아가는 것은 나의 존재를 부정하는 것입니다. 하나님을 믿는 신앙인의 삶은 분명히 구분되어야 합니다.

생각하고

깨달아 알고

새롭게 하심

돕는 말씀/ 롬15:14-16, 고전3:16-17, 유1:20-21

기 도

롬15:14-16

14 내 형제들아 너희가 스스로 선함이 가득하고 모든 지식이 차서 능히 서로 권하는 자임을 나도 확신하노라

15 그러나 내가 너희로 다시 생각나게 하려고 하나님께서 내게 주신 은혜로 말미암아 더욱 담대히 대략 너희에게 썼노니

16 이은혜는 곧 나로 이방인을 위하여그리스도 예수의 일꾼이 되어 하나님의 복음의제사장직분을 하게 하사 이방인을 제물로 드리는 것이성령안에서 거룩하게 되어 받으실 만하게 하려 하심이라

고전3:16-17

16 너희는 너희가 하나님의 성전인 것과 하나님의 성령이 너희 안에 계시는 것을 알지 못하느냐

17 누구든지 하나님의 성전을 더럽히면 하나님이 그 사람을 멸하시리라 하나님의 성전은 거룩하니 너희도 그러하니라

유1:20-21

20 사랑하는 자들아 너희는 너희의 지극히 거룩한 믿음 위에 자신을 세우며 성령으로 기도하며,

21 하나님의 사랑 안에서 자신을 지키며 영생에 이르도록 우리 주 예수 그리스도의 긍휼을 기다리라.

성 령

찬송가	찬송가
시작:492장	마침:496장

3. 하나님 나라

요3:5-7 "영으로 난 것"
예수께서 대답하시되 진실로 진실로 네게 이르노니 사람이 물과 성령으로 거듭나지 아니하면 하나님의 나라에 들어갈 수 없느니라 육에서 난 것은 육이요 영으로 난 것은 영이니 내가 네게 거듭나야 하겠다 하는 말을 놀랍게 여기지 말라.

롬14:17 "하나님의 나라"
하나님의 나라는 먹는 것과 마시는 것이 아니요 오직 성령 안에 있는 의와 평강과 희락이라.

새로운 삶을 얻는 방법은 무엇입니까?

리모델링은 속성은 그대로 두고 겉만을 바꾸는 것입니다. 삶을 리모델링할 수 없습니다. 새로운 삶은 이전의 흔적이 남겨 두지 않고 완전히 돌아서는 것입니다.

생각하고

깨달아 알고

새롭게 하심

돕는 말씀/ 벧전1:3-4, 벧전1:23-25,

기 도

벧전1:3-4
3 우리 주 예수 그리스도의 아버지 하나님을 찬송하리로다 그의 많으신 긍휼대로 예수 그리스도를 죽은 자 가운데서 부활하게 하심으로 말미암아 우리를 거듭나게 하사 산 소망이 있게 하시며
4 썩지 않고 더럽지 않고 쇠하지 아니하는 유업을 잇게 하시나니 곧 너희를 위하여 하늘에 간직하신 것이라

벧전1:23-25
23 너희가 거듭난 것은 썩어질 씨로 된 것이 아니요 썩지 아니할 씨로 된 것이니 살아 있고 항상 있는 하나님의 말씀으로 되었느니라
24 그러므로 모든 육체는 풀과 같고 그 모든 영광은 풀의 꽃과 같으니 풀은 마르고 꽃은 떨어지되
25 오직 주의 말씀은 세세토록 있도다 하였으니 너희에게 전한 복음이 곧 이 말씀이니라

생 명

찬송가 시작:436장

찬송가 마침:438장

1. 능 력

요14:26 "가르치심"
보혜사 곧 아버지께서 내 이름으로 보내실 성령 그가 너희에게 모든 것을 가르치시고 내가 너희에게 말한 모든 것을 생각나게 하리라.

행28:27-28 "깨닫게 하심"
이 백성들의 마음이 우둔하여져서 그 귀로는 둔하게 듣고 그 눈은 감았으니 이는 눈으로 보고 귀로 듣고 마음으로 깨달아 돌아오면 내가 고쳐줄까 함이라 하였으니 그런즉 하나님의 이 구원이 이방인에게로 보내어진 줄 알아 그들은 그것을 들으리라 하더라.

롬8:26 "도우심"
이와 같이 성령도 우리의 연약함을 도우시나니 우리는 마땅히 기도할 바를 알지 못하나 오직 성령이 말할 수 없는 탄식으로 우리를 위하여 친히 간구하시느니라.

내 곁에 하나님은 누구십니까?

"따뜻한 햇살이 말했어! 나를 바라봐!", "보드라운 바람이 말했어! 내 손을 잡아봐!", "단단한 땅이 말했어! 일어나 걸어봐!" 이것은 고난을 이겨낸 자의 시입니다.

<u>생각하고</u>

<u>깨달아 알고</u>

<u>새롭게 하심</u>

돕는 말씀/ 고전2:12-13, 엡3:16-19

기도

고전2:12-13

12 우리가 세상의 영을 받지 아니하고 오직 하나님으로부터 온 영을 받았으니 이는 우리로 하여금 하나님께서 우리에게 은혜로 주신 것들을 알게 하려 하심이라

13 우리가 이것을 말하거니와 사람의 지혜가 가르친 말로 아니하고 오직 성령께서 가르치신 것으로 하니 영적인 일은 영적인 것으로 분별하느니라

엡3:16-19

16 그의 영광의 풍성함을 따라 그의 성령으로 말미암아 너희 속사람을 능력으로 강건하게 하시오며

17 믿음으로 말미암아 그리스도께서 너희 마음에 계시게 하시옵고 너희가 사랑 가운데서 뿌리가 박히고 터가 굳어져서

18 능히 모든 생도와 함께 지식에 넘치는 그리스도의 사랑을 알고

19 그 너비와 길이와 높이와 깊이가 어떠함을 깨달아 하나님의 모든 충만하게 하시기를 구하노라

생 명

찬송가	찬송가
시작:436장	마침:438장

2. 영원함

요일2:24-25 "영원한 생명"
너희는 처음부터 들은 것을 너희 안에 거하게 하라 처음부터 들은 것이 너희 안에 거하면 너희가 아들과 아버지 안에 거하리라 그가 우리에게 약속하신 것은 이것이니 곧 영원한 생명이니라.

약1:12 "생명의 면류관"
시험을 참는 자는 복이 있나니 이는 시련을 견디어 낸 자가 주께서 자기를 사랑하는 자들에게 약속하신 생명의 면류관을 얻을 것이기 때문이다.

허구의 삶과 실존의 삶을 성경은 어떻게 말하고 있습니까?

인간답지 않다는 것은 인간의 본질을 떠난 모습을 말합니다. 순수 본질을 회복하기 위해서는 인내가 필요합니다. 선한 싸움은 하나님을 향한 믿음의 여정입니다.

<u>생각하고</u>

<u>깨달아 알고</u>

<u>새롭게 하심</u>

돕는 말씀/ 벧전1:15-16, 유1:20-21

기 도

벧전1:15-16
15 오직 너희를 부르신 거룩한 이처럼 너희도 모든 행실에 거룩한 자가 되라
16 기록되었으되 내가 거룩하니 너희도 거룩할지어다 하셨느니라

유1:20-21
20 사랑하는 자들아 너희는 너희의 지극히 거룩한 믿음 위에 자신을 세우며 성령으로 기도하며
21 하나님의 사랑 안에서 자신을 지키며 영생에 이르도록 우리 주 예수 그리스도의 긍휼을 기다리라

생 명

찬송가	찬송가
시작:436장	마침:438장

---

3. 새 하늘

벧후3:13-14 "새 하늘과 새 땅"
우리는 그의 약속대로 의가 있는 곳인 새 하늘과 새 땅을 바라보도다 그러므로 사랑하는 자들아 너희가 이것을 바라보나니 주 앞에서 점도 없고 흠도 없이 평강 가운데서 나타나기를 힘쓰라.

계21:1-2 "하나님의 나라" 참고, "새 예루살렘"
또 내가 새 하늘과 새 땅을 보니 처음 하늘과 처음 땅이 없어졌고 바다도 다시 있지 않더라 또 내가 보매 거룩한 성 새 예루살렘이 하나님께로부터 하늘에서 내려오니 그 예비한 것이 신부가 남편을 위하여 단장한 것 같더라.

하나님의 나라는 어디서부터 시작합니까?

세상은 우리가 바라는 대로 변하지 않습니다. 세상을 변화시키기 위해서는 자신이 변화되어야 합니다. 하나님 나라는 엄격합니다.

생각하고

깨달아 알고

새롭게 하심

돕는 말씀/ 사65:17-20, 계21:1-4

기 도

사65:17-20

17 보라 내가 새 하늘과 새 땅을 창조하나니 이전 것은 기억되거나 마음에 생각나지 아니할 것이라

18 너희는 내가 창조하는 것으로 말미암아 영원히 기뻐하며 즐거워할지니라 보라 내가 예루살렘을 즐거운 성으로 창조하며 그 백성을 기쁨으로 삼고

19 내가 예루살렘을 즐거워하며 나의 백성을 기뻐하리니 우는 소리와 부르짖는 소리가 그 가운데에서 다시는 들리지 아니할 것이며

20 거기는 날 수가 많지 못하여 죽는 어린이와 수한이 차지 못한 노인이 다시는 없을 것이라 곧 백 세에 죽는 자를 젊은이라 하겠고 백 세가 못되어 죽는 자는 저주를 받을 자이리라

계21:1-4

1 또 내가 새 하늘과 새 땅을 보니 처음 하늘과 처음 땅이 없어졌고 바다도 다시 있지 않더라

2 내가 보매 거룩한 성 새 예루살렘이 하나님께로부터 하늘에서 내려오니 그 준비한 것이 신부가 남편을 위하여 단장한 것 같더라

3 내가 들으니 보좌에서 큰 음성이 나서 이르되 보라 하나님의 장막이 사람들과 함께 있으매 하나님이 그들과 함께 계시리니 그들은 하나님의 백성이 되고 하나님은 친히 그들과 함께 계셔서

4 모든 눈물을 그 눈에서 닦아 주시니 다시는 사망이 없고 애통하는 것이나 곡하는 것이나 아픈 것이 다시 있지 아니하리니 처음 것들이 다 지나갔음이러라

교 회

찬송가
시작:492장

찬송가
마침:496장

1. 처음 사랑

계2:4-5 "회 개"
그러나 너의 책망할 것이 있나니 너의 처음 사랑을 버렸느니라 그러므로 어디서 떨어졌는지를 생각하고 회개하여 처음 행위를 가지라 만일 그리하지 아니하고 회개하지 아니하면 내가 네게 가서 네 촛대를 그 자리에서 옮기리라.

요5:39 "너희도 성령 안에서" 참고, 계3:2-3, "지켜 회계하라"
너희가 성경에서 영생을 얻은 줄 생각하고 성경을 연구하거니와 이 성경이 곧 내게 대하여 증언하는 것이니라.

교회에서의 나는 누구입니까?

삶을 좇다가 잊는 것들이 많습니다. 믿음도 흐릿해지고 죄에 둔감해집니다. 그리고 교회생활은 무기력합니다.

생각하고

깨달아 알고

새롭게 하심

돕는 말씀/ 벧후3:8-10, 계3:19-22

기 도

벧후3:8-10

8 사랑하는 자들아 주께는 하루가 천 년 같고 천 년이 하루 같다는 이 한 가지를 잊지 말라
9 주의 약속은 어떤 이들이 더디다고 생각하는 것 같이 더딘 것이 아니라 오직 주께서는 너희를 대하여 오래 참으사 아무도 멸망하지 아니하고 다 회개하기에 이르기를 원하시느니라
10 그러나 주의 날이 도둑 같이 오리니 그 날에는 하늘이 큰 소리로 떠나가고 물질이 뜨거운 불에 풀어지고 땅과 그 중에 있는 모든 일이 드러나리로다

계3:19-22

19 무릇 내가 사랑하는 자를 책망하여 징계하노니 그러므로 네가 열심을 내라 회개하라
20 볼지어다 내가 문 밖에 서서 두드리노니 누구든지 내 음성을 듣고 문을 열면 내가 그에게로 들어가 그와 더불어 먹고 그는 나와 더불어 먹으리라
21 이기는 그에게는 내가 내 보좌에 함께 앉게 하여 주기를 내가 이기고 아버지 보좌에 함께 앉은 것과 같이 하리라
22 귀 있는 자는 성령이 교회들에게 하시는 말씀을 들을지어다

교 회

찬송가
시작:492장

찬송가
마침:496장

2. 책 망

계2:4-5 "우상의 제물"
그러나 너를 책망할 것이 있나니 너의 처음 사랑을 버렸느니라 그러므로 어디서 떨어졌는지를 생각하고 회개하여 처음 행위를 가지라 만일 그리하지 아니하고 회개하지 아니하며 내가 네게 가서 네 촛대를 그 자리에서 옮기리라.

계2:19-20 "책 망"
내가 네 사업과 사랑과 믿음과 섬김과 인내를 아노니 네 나중 행위가 처음 것보다 많도다 그러나 네게 책망할 일이 있노라 자칭 선지자라 하는 여자 이세벨을 네가 용납함이니 그가 내 종들을 가르쳐 꾀어 행음하게 하고 우상의 제물을 먹게 하는도다.

내가 소망하는 교회는 무엇이었습니까?

되돌아보면 많은 것들이 변했습니다. 교회가 달라졌습니다. 우상을 찾고 있다는 것을 깨닫는 순간 우리는 다시 교회를 생각합니다.

생각하고

깨달아 알고

새롭게 하심

돕는 말씀/ 딤전6:14-16, 요일3:21-23

기도

딤전6:14-16

14 우리 주 예수 그리스도께서 나타나실 때까지 흠도 없고 책망 받을 것도 없이 이 명령을 지키라

15 기약이 이르면 하나님이 그의 나타나심을 보이시리니 하나님은 복되시고 유일하신 주권자이시며 만왕의 왕이시며 만주의 주시요

16 오직 그에게만 죽지 아니함이 있고 가까이 가지 못할 빛에 거하시고 어떤 사람도 보지 못하였고 또 볼 수 없는 이시니 그에게 존귀와 영원한 권능을 돌릴지어다

요일3:21-23

21 사랑하는 자들아 만일 우리 마음이 우리를 책망할 것이 없으면 하나님 앞에서 담대함을 얻고

22 무엇이든지 구하는 바를 그에게서 받나니 이는 우리가 그의 계명을 지키고 그 앞에서 기뻐하시는 것을 행함이라

23 그의 계명은 이것이니 곧 그 아들 예수 그리스도의 이름을 믿고 그가 우리에게 주신 계명대로 서로 사랑할 것이니라

> ## 교 회
>
> 찬송가 시작:492장   찬송가 마침:496장

3. 시 험

계2:7 "생명나무 열매"
귀 있는 자는 성령이 교회들에게 하시는 말씀을 들을지어다 이기는 그에게는 내가 하나님의 낙원에 있는 생명나무의 열매를 주어 먹게 하리라.

계3:10-11 "시험할 때"
네가 나의 인내의 말씀을 지켰은즉 내가 또한 너를 지켜 시험의 때를 면하게 하리니 이는 장차 온 세상에 임하여 땅에 거하는 자들을 시험할 때라 내가 속히 오리니 네가 가진 것을 굳게 잡아 아무도 네 면류관을 빼앗지 못하게 하라.

교회가 세속적이라는 의미는 무엇입니까?

교회가 달라졌습니다. 말씀보다도 세상의 흐름에 더 귀를 기울였습니다. 말씀을 따르기보다는 세상의 가치를 선망하였습니다. 교회의 시험은 바로 그곳에서 일어났습니다.

생각하고

깨달아 알고

새롭게 하심

돕는 말씀/ 계2:8-10

기 도

계2:8-10

8 서머나 교회의 사자에게 편지하라 처음이며 마지막이요 죽었다가 살아나신 이가 이르시되
9 내가 네 환난과 궁핍을 알거니와 실상은 네가 부요한 자니라 자칭 유대인이라 하는 자들의 비방도 알거니와 실상은 유대인이 아니요 사탄의 회당이라
10 너는 장차 받을 고난을 두려워하지 말라 볼지어다 마귀가 장차 너희 가운데에서 몇 사람을 옥에 던져 시험을 받게 하리니 너희가 십 일 동안 환난을 받으리라 네가 죽도록 충성하라 그리하면 내가 생명의 관을 네게 주리라

교 회

찬송가	찬송가
시작:492장	마침:496장

4. 면류관

계2:26-28 "새벽 별"

이기는 자와 끝까지 내 일을 지키는 그에게 만국을 다스리는 권세를 주리니 그가 철장을 가지고 그들을 다스려 질그릇 깨뜨리는 것과 같이 하리라 나도 내 아버지께 받은 것이 그러하니라 내가 또 그에게 새벽 별을 주리라.

계3:11-12 "새 이름"

이기는 자는 내 하나님 성전에 기둥이 되게 하리니 그가 결코 다시 나가지 아니하리라 내가 하나님의 이름과 하나님의 성 곧 하늘에서 내 하나님께로부터 내려오는 새 예루살렘의 이름과 나의 새 이름 그의 위에 기록하리라.

하나님은 믿음으로 이기는 자에게 무엇을 주십니까?

믿음을 지키는 것은 곧 교회를 지키는 것입니다. 믿음이 쇠약할 때 교회는 무너집니다. 선과 악의 싸움은 끊임없이 일어납니다.

생각하고

깨달아 알고

새롭게 하심

돕는 말씀/ 계3:8

기 도

계3:8
볼찌어다 내가 네 앞에 열린 문을 두었으되 능히 닫을 사람이 없으리라 내가 네 행위를 아노니 네가 적은 능력을 가지고도 내 말을 지키며 내 이름을 배반치 아니하였도다

에필로그 / 한국 교회에 고함

> "성령이 교회들에게 하시는
> 말씀을 들을 지어다!"
> (계2:7)

교회여 들으라!
교회는 그리스도의 몸이요
교회는 성령님이 세워 가신다.

1. 창조주 주여호와를 기억하라!

교회는 하나님이 인간의 삶을 주관하고 운영하심을 잊었습니다. 한 시대의 교회가 아니라 하나님이 역사에 관여하는 교회입니다. 하나님이 우리에게 바라는 목적을 반드시 인식해야 합니다. 사회와 역사 안에서 하나님의 영광을 실현하는 교회가 되어야 합니다. 그러므로 교회는 사회와 구별되어야 합니다. 교회는 창조주 하나님의 거룩함을 잃지 말아야 합니다.

2. 교회의 본질을 회복하라!

교회는 구원보다도 권위가 우선되었습니다. 교회는 희망을 보여주지 못하고 있습니다. 교회의 본질을 되찾아야 합니다. 교회는 이 땅에 하나님의 나라를 실현해야 할 책임이 있습니다. 교회는 성도들의 미래의 삶을 반영하여야 합니다. 교회가 천국 문을 향한 믿음의 공동체가 되어야 합니다. 교회는 천국의 소망과 구원의 실현이 궁극적 목적입니다.

3. 오직 말씀으로 교회를 지켜라!

교회가 사회적 영향력을 잃었습니다. 교회는 예수님의 피와 말씀으로 세워졌습니다. 교회는 말씀으로 돌아가야 합니다. 교회가 세속의 물결에 변방으로 밀려났습니다. 하나님의 선한 영향력이 사회에 끼쳐야 합니다. 이제 교회는 말씀으로 무장되어야 합니다. 교회는 모인 자들이 흩어지고 흩어진 자들이 모이는 장이 되어야 합니다. 진리의 말씀으로 광야에서 싸워야 합니다.

4. 성령이 교회에게 하시는 말씀을 들으라!

교회가 소멸하고 있습니다. 교회의 주체는 오직 성령 하나님이십니다. 무릎을 꿇고 생명나무를 소망했던 선지자들을 기억해야 합니다. 그들은 성령의 도움으로 교회는 선한 싸움을 이겨냈습니다. 교회가 죽어갑니다. "지금" 그리고 "여기서" 성령의 체험이 나타나는 교회가 되어야 합니다. 성령이 교회에게 하시는 말씀을 들어야 합니다. 피를 흘리듯 기도가 간절해야 합니다.

성령 하나님의 부름받아
하나님이 기뻐하시는 교회를 소망하며
한국 교회에게 고합니다.

2024년 3월

심부름꾼 이경희
믿음의 동력자 여문환

하나님이 기뻐하시는 교회

초판 1쇄 인쇄 | 2024년 4월 20일
초판 1쇄 발행 | 2024년 4월 25일

저   자 | 이경희
　　　　한국기독교 개혁선교회

발행인 | 여문환
발행처 | 한국기독교 개혁선교회
등   록 | 2024년 3월 8일(제2024-000090호)
주   소 | 서울특별시 강남구 학동로 106번지(논현동)
전   화 | 02) 516-1225
전자메일 | kcrm@hanmail.net
인터넷 | kcrm.net

ISBN 979-11-987373-0-4
정 가 20,000원